Horst Greifeneder

Erfolgreiches Suchmaschinen-Marketing

Horst Greifeneder

Erfolgreiches Suchmaschinen-Marketing

Wie Sie bei Google, Yahoo, MSN & Co. ganz nach oben kommen

2. Auflage

GABLER

Bibliografische Information der Deutschen Nationalbibliothek
Die Deutsche Nationalbibliothek verzeichnet diese Publikation in der
Deutschen Nationalbibliografie; detaillierte bibliografische Daten sind im Internet über
<http://dnb.d-nb.de> abrufbar.

1. Auflage 2006
2., aktualisierte und ergänzte Auflage 2010

Alle Rechte vorbehalten
© Gabler Verlag | Springer Fachmedien Wiesbaden GmbH 2010

Lektorat: Barbara Möller

Gabler Verlag ist eine Marke von Springer Fachmedien.
Springer Fachmedien ist Teil der Fachverlagsgruppe Springer Science+Business Media.
www.gabler.de

Umschlaggestaltung: KünkelLopka Medienentwicklung, Heidelberg

Gedruckt auf säurefreiem und chlorfrei gebleichtem Papier

ISBN 978-3-8349-1802-4

Für meine Eltern
Marianne und Eduard
Greifeneder

Vorwort zur zweiten Auflage

Seit dem Erscheinen der ersten Auflage meines Buches hat sich der Markt für Suchmaschinen-Marketing deutlich spürbar weiterentwickelt. Die Zahl der Unternehmen, die neue Instrumente des Online-Marketings aktiv einsetzen, ist kontinuierlich gewachsen. Der steigende Bedarf an qualifizierter Beratung hat eine Vielzahl von spezialisierten Agenturen und Dienstleistern auf den Plan gerufen. Parallel dazu ist der Wunsch der Marketingverantwortlichen gestiegen, selbst mehr Informationen über die Chancen und Möglichkeiten des neuen Werbemediums zu erlangen.

Zu den am häufigsten genutzten Instrumenten des Suchmaschinen-Marketings, der Suchmaschinen-Optimierung und den bezahlten Textanzeigen, hat sich ein weiteres Themengebiet – das gezielte Monitoring und Controlling der Online-Marketing-Aktivitäten – gesellt, das immer mehr an Bedeutung gewinnt.

Die nun vorliegende, aktualisierte und überarbeitete zweite Auflage trägt dieser Entwicklung gezielt Rechnung und beschäftigt sich in einem eigenen Teil mit dem Schwerpunkt „Monitoring & Controlling des Suchmaschinen-Marketings". Das Buch richtet sich in erster Linie an Geschäftsführer, Marketing-Verantwortliche und IT-Manager, die die wirksamen Instrumente des Suchmaschinen-Marketings für eigene Produkte, Dienstleistungen und Marktaktivitäten erfolgreich einsetzen wollen.

Ich wünsche Ihnen „alles Gute und viel Erfolg" bei der Umsetzung eigener Suchmaschinen-Marketing-Aktivitäten in die Praxis.

Wels, im Frühjahr 2010   Horst Greifeneder

Vorwort zur ersten Auflage

In meiner Tätigkeit als Internet-Marketing-Berater werde ich laufend mit Fragen über Einsatzmöglichkeiten des Internets für das klassische Marketing konfrontiert. Mit dem Ziel, die Bekanntheit einer Firma, Marke oder Dienstleistung bzw. die Zahl der Besucher in einem Online-Shop zu steigern, entstand eine Vielzahl erfolgreicher Online-Marketing-Projekte.

Am deutlichsten sichtbar für kleine und mittelständische Unternehmen sind die Vorteile des neuen Mediums beim Einsatz von Suchmaschinen als zielgruppengenaues Werbemittel. Mit einem Schlag vergrößert sich die Marktpräsenz eines Unternehmens, neue Kunden werden angesprochen und mit attraktiven Angeboten in den eigenen Online-Shop eingeladen. Große internationale Marken wie Dell, Neckermann oder Amazon nutzen stark frequentierte Suchmaschinen längst für wirksame Image-Werbung und die Ansprache neuer Zielgruppen. Kleinen und mittelständischen Unternehmen bietet sich ebenfalls die einmalige Chance, durch rasches Handeln auf ihren Märkten zu den Online-Marktführern zu zählen.

Erfolgreiches Suchmaschinen-Marketing ist kein technisches Fachbuch. Es versteht sich vielmehr als praktische Anleitung für Geschäftsführer, Marketing-Manager oder IT-Verantwortliche in kleinen und mittelständischen Firmen, die die Suchmaschinen-Positionierung ihrer Website oder ihres Online-Shops verbessern wollen.

Das vorliegende Buch ist in drei Teile gegliedert:

Suchmaschinen als Marketinginstrument – Der erste Teil beschäftigt sich mit dem Marketingumfeld der neuen Werbemittel. Es informiert über Marktverhältnisse, Funktionsweise, Zielgruppenverhalten sowie zukünftige Trends bei Suchmaschinen.

Suchmaschinen-Optimierung – Im zweiten Teil konzentrieren wir uns auf Methoden und Kriterien zur Optimierung der eigenen Firmenpräsenz im Internet. Abgedeckt wird der gesamte Prozess der Strategiebestimmung, Keyword-Auswahl und Seiten- bzw. Website-Optimierung für eine optimale Suchmaschinenpräsenz.

Textanzeigen in Suchmaschinen – Der dritte Teil handelt vom Einsatz bezahlter Textanzeigen als überaus effizientem Werbemittel. Die Funktionsweise und Bedienung der führenden Services, wie Google AdWords oder Yahoo Marketing Search, werden anschaulich erläutert und mit praktischen Tipps ergänzt.

Ein Buch entsteht niemals durch den Autor alleine. So möchte ich allen Menschen meinen Dank aussprechen, die in Projekten und Workshops ihr professionelles Interesse am Suchmaschinen-Marketing zeigten. Ihre Fragen und Anregungen haben mich zur überaus intensiven Auseinandersetzung mit dem spannenden Thema Suchmaschinen-Marketing veranlasst. Meiner lieben Frau Sonja und unseren Kindern Marlene und Katharina bin ich sehr dankbar, dass sie mir Gelegenheit und Ansporn schenkten, in der gemeinsamen Freizeit am vorliegenden Buch zu arbeiten.

Frau Barbara Möller vom Gabler Verlag danke ich für die professionelle redaktionelle Überarbeitung des Manuskripts. Ihre Anmerkungen und Unterstützung haben mir bei der Erstellung des Buches sehr geholfen.

Last, but not least möchte ich Ihnen danken, dass Sie sich Zeit für das Buch nehmen. Ich hoffe, dass es Sie bei eigenen Suchmaschinen-Marketing-Aktivitäten unterstützt und Ihnen wertvolle Tipps für erfolgreiche Online-Werbeaktivitäten liefert.

Ich lade Sie ganz herzlich ein, über den Blog zum Buch – unter **www.erfolgreiches-suchmaschinen-marketing.net** – mit mir einen Dialog zu führen und mir Ihre Meinung mitzuteilen. Dort finden Sie aktuelle Berichte, Links zu praktischen Suchmaschinen-Tools und ein Forum zum Gedanken- und Ideenaustausch.

Wels, im Sommer 2006   Horst Greifeneder

Inhalt

Einleitung

Abermillionen von Menschen suchen täglich in deutschsprachigen Märkten aus privaten oder beruflichen Motiven über Suchmaschinen nach Angeboten für Unterhaltungselektronik, Urlaubsreisen, Maschinen oder Bürobedarf. Ebenso greifen immer mehr professionelle Einkäufer bei der Suche nach Produkten, Dienstleistungen und Firmen auf das vielfältige Informationsangebot in Suchmaschinen zurück.

Innovative Marketing-Manager und findige Verkäufer haben die vielfältigen Möglichkeiten zur Verbesserung der eigenen Marktpräsenz früh erkannt und begonnen, ausgewählte Suchdienste für zielgruppenspezifische Werbe- und Vertriebsaktivitäten zu nutzen. Gerade für Vertreter kleiner oder mittelständischer Unternehmen bietet die konsequente Nutzung der neuen Marketing-Instrumente attraktive Chancen, neue Kundenschichten zu erreichen. Überragende Reichweiten, punktgenaue Zielgruppenrelevanz und überschaubare Kosten sind überzeugende Erfolgsfaktoren, die das Internet zum hochinteressanten Werbemedium auch für kleinere Werbebudgets machen.

Zusätzlich besteht für Unternehmen die einmalige Gelegenheit, ihr Internetangebot in ihrer eigenen Branche als Online-Marktführer zu platzieren. Heute bei bestimmten Suchbegriffen besetzte Erfolgspositionen sind in Zukunft vom Mitbewerb nur mit entsprechend höherem Aufwand zu erreichen.

Einen der aus Marketingsicht effizientesten Online-Services für kleine und mittelständische Unternehmen stellen Suchmaschinen wie Google, Yahoo oder MSN dar. Internetnutzer, die über Suchdienste auf eine Website gelangen, sind aus Marketingsicht besonders wertvolle Interessenten. Durch ihre über Suchbegriffe definierte Anfrage zeigen sie ein klar definiertes Interesse für ein bestimmtes Produkt oder eine spezifische Dienstleistung. Etwaige Streuverluste sind nahezu ausgeschlossen, und die Chance, neue Kunden zu gewinnen, ist entsprechend hoch.

Aufgabe des Marketings ist die optimale Umsetzung und Nutzung des neuen Werbemediums im eigenen Marketing-Mix. Erklärtes Ziel sollte sein, in den relevanten Suchmaschinen mit dem eigenen Angebot bestmöglich platziert zu sein. Als besonders wirksame Werbeformen haben sich *Suchmaschinen-Optimierung* und *bezahlte Textanzeigen in Suchmaschinen* erwiesen. Die neuen Instrumente überzeugen durch hohe Akzeptanz seitens der Benutzer, flexible Einsatzmöglichkeiten und eine ausgezeichnete Kosten-/Nutzenrelation für den Werbetreibenden.

Den beiden populären Werbeformen und dem Marketingmedium Suchmaschine ist das vorliegende Buch gewidmet, das Ihnen als praktischer Begleiter bei der Umsetzung eigener Suchmaschinen-Marketing-Aktivitäten dienen soll.

Eine Vielzahl externer Dienstleistungsunternehmen offerieren ihre Unterstützung am Markt. Den richtigen Dienstleister zu finden, ist nicht immer einfach und kann viel Lehrgeld kosten. Umso wichtiger wird es für den interessierten Marketer, die faszinierenden Möglichkeiten und etwaige Grenzen des neuen Marketing-Instruments selbst genauer kennen zu lernen.

Teil I

Suchmaschinen als Marketinginstrument

1. Strategische Zielsetzung

Immer mehr Marketingverantwortliche nutzen Internet-Suchdienste, wie Google, Yahoo oder MSN, als Medium zur effizienteren Marktbearbeitung. Das sind Werbeausgaben, die zu einem überwiegenden Teil den vorgenannten Suchmaschinen-Firmen mit ihren Werbemöglichkeiten zu Gute kommen werden.

Suchmaschinen zählen zu den populärsten und meistgenutzten Internetdiensten der letzten Jahre. Sie bilden die bevorzugte Informationsquelle für private und berufliche Internetbenutzer. Konsequenterweise verwenden mehr und mehr innovative Internet-Marketer deshalb Suchmaschinen als effizientes Medium zur Imagewerbung, Markenpflege und Gewinnung neuer Interessenten.[1]

Beim Einsatz von Suchmaschinen im Marketing-Mix sollten folgende Fragen im Vordergrund stehen:

* Welche strategischen Marketing-Zielsetzungen können wir im Medium Suchmaschinen verfolgen?

* Welchen Einfluss auf die Platzierung unserer Webseiten in Suchmaschinen können wir ausüben?

* Wie groß ist die Zahl potenzieller Kunden, die wir über Suchmaschinen erreichen können?

* Welche Instrumente für wirksames Suchmaschinen-Marketing stehen uns zur Verfügung?

* Wie werden sich Suchmaschinen als Marketingmedium weiterentwickeln?

Ein optimales Webpositioning – die bestmögliche Platzierung des eigenen Internetangebotes in reichweitenstarken und zielgruppenrelevanten Suchmedien – bildet die strategische Stoßrichtung beim Suchmaschinen-Marketing.

Bei der Suchmaschinen-Positionierung werden die eigenen Webseiten für die bestmögliche Aufnahme in den Datenbestand einer Suchmaschine gezielt aufbereitet. Dabei sind ausgewählte Bereiche der einzelnen Webseiten auf suchmaschinenspezifische Auswertungsmethoden und das Nutzungsverhalten der Zielgruppe abzustimmen.

In der Folge soll das eigene Angebot von potenziellen Interessenten und Kunden unter bestimmten Suchbegriffen schnell und einfach gefunden werden können. Angestrebt wird eine stärkere Präsenz der eigenen Marke im Cyberspace oder die qualitative und quantitative Steigerung der Zahl der Besucher für die Firmenwebsite oder den eigenen Online-Shop.

Wie wichtig eine vordere Platzierung der eigenen Internetseiten im Ergebnislisting einer Suchmaschine ist, zeigen Benutzerstudien, die belegen, dass nur ein Bruchteil der Nutzer die zweite oder nachfolgende Ergebnisseite aufrufen, wenn sie auf der ersten Seite nicht die gewünschten Informationen finden. Die meisten Benutzer starten lieber eine weitere Abfrage mit neuen Suchbegriffen.

2. Suchmaschinen als Marketingmedien

Kein anderes Online-Medium wird so intensiv für private und berufliche Informationszwecke genutzt wie Suchmaschinen. Die marktdominante Stellung bei der Suche nach Informationen macht die Dienste besonders interessant für die professionelle Marketing-Nutzung.

Marktentwicklung bei Suchmaschinen

Den internationalen Markt dominieren eine Handvoll Suchmaschinen-Anbieter wie Google, Yahoo oder MSN mit lokalen Töchtern. Nationale Anbieter wie Web.de in Deutschland, Austronaut.at in Österreich oder Search.ch in der Schweiz komplettieren die jeweiligen Märkte.

Der globale Internet-Suchmarkt verzeichnete 2009 rund 100 Mrd. Suchanfragen pro Monat. Im Juli 2009 wurden weltweit über 113 Mrd. Suchanfragen registriert, wie aus Erhebungen des Marktforschungsinstitutes comScore hervorgeht.[2] Das bedeutet einen Zuwachs von 41 Prozent gegenüber dem Vergleichszeitraum des Vorjahres. Spitzenreiter Google behält – trotz neuer Konkurrenten wie Bing und Wolfram Alpha – weiterhin die klare internationale Marktherrschaft. Die Google-Seiten erzielten im Juli 2009 rund 76,7 Mrd. Suchanfragen, ein Marktanteil von 67,5 Prozent. Dahinter folgt Yahoo mit 8,9 Mrd. Suchen und einem Marktanteil von 7,8 Prozent auf Platz zwei.

Microsoft konnte mit seiner neuen Suchmaschine Bing gegenüber dem Vorjahr deutlich dazugewinnen (plus 41 Prozent), landet mit 3,3 Mrd. Suchanfragen aber dennoch nur auf Rang vier hinter der chinesischen Suchmaschine Baidu (8 Mrd.).

Im globalen Vergleich zählen europäische Benutzer zu den aktivsten. Fast ein Drittel aller Suchanfragen (32,1 Prozent) hatten 2009 ihren Ursprung in Europa.

Suchabfragen wachsen kontinuierlich

Interessant ist auch ein Blick auf das Wachstum der Abfragen bei den führenden Suchmaschinen weltweit.

Suchmaschine	Juli 2008	Juli 2009	Wachstum
Google	48,67 Mrd.	76,68 Mrd.	58 Prozent
Yahoo	8,69 Mrd.	8,90 Mrd.	2 Prozent
Microsoft	2,35 Mrd.	3,32 Mrd.	41 Prozent
eBay	1,22 Mrd.	1,72 Mrd.	41 Prozent
Facebook	0,74 Mrd.	0,88 Mrd.	18 Prozent
Total Internet	80,55 Mrd.	113,69 Mrd.	41 Prozent

Quelle: comScore qSearch, weltweite Suchabfragen, über 15 Jahre, privat und beruflich.

Abbildung 1: Weltweiter Suchmarkt im Überblick

Der Marktführer unter den Suchmaschinen verzeichnete im Jahresvergleich mit einem Plus von 58 Prozent ein überdurchschnittliches Wachstum bei privaten und beruflichen Suchabfragen.

Wie groß ist Google wirklich?

Bei Google verwalten Tausende von Servern Milliarden Webseiten. Hinter der einfachen Benutzeroberfläche in über 88 Sprachen verbirgt sich eine riesige Datenmenge von über 80 Terabyte. Die Daten sind auf mindestens 13 Datencenter verteilt. Europäische Surfer werden aus Zürich und Dublin bedient (Auf dem Hövel, 2005).

Im Juli 2009 gab Google bekannt, dass der eigene Index mittlerweile über eine Billion eindeutige Web-Adressen umfasst. Dabei wurden Duplikate, automatisch generierte Inhalte sowie Datenmüll aus der Google-Liste – zumindest zum Teil – bereits ausgeschlossen.

Neben den Webseiten bietet Google seinen Benutzern kostenlosen Zugang zu einer Bilddatenbank mit fast einer Milliarde Bildern. Diese Zahlen machen Google zur absoluten Nummer 1 unter den Suchmaschinen in Deutschland, der Schweiz, Italien, Frankreich, den Niederlanden, England, Spanien und anderen europäischen Ländern.

Einsatzgebiete für Suchmaschinen-Marketing

Die Einsatzgebiete für Suchmaschinen-Marketing beziehen sich auf verschiedene Aspekte des strategischen und operativen Marketings.

Markenbekanntheit und Markenimage

Markenbekanntheit und Markenimage zählen zu den wichtigsten Werten im Marketing. Bei der Markenpflege kommt dem Branding in Suchmaschinen eine wichtige Rolle zu. In einer Studie der Search Engine Marketing Professional Organization nannten mehr als 60 Prozent der Onlinewerber „die Steigerung der Markenbekanntheit ihrer Produkte" als Zielsetzung ihrer Suchmaschinen-Werbekampagnen (Morrissey, 2004).

Verschiedene Studien belegen, dass die Position der Webseiten im Ergebnislisting einer Suchmaschinen-Anfrage eine unmittelbare Wirkung auf das Image eines Unternehmens hat. Existieren in einer Branche keine klaren Marktführer, werden Unternehmen, die an vorderster Stelle im Ergebnislisting einer Suchabfrage aufscheinen, als marktführend eingestuft.

Effiziente Werbemittelverteilung

Hunderte Millionen von Marketingunterlagen, wie Prospekte oder Preislisten, werden jährlich gedruckt und über Direkt-Mails, Messen oder Verkäufer an Interessenten und Kunden verteilt.

Die aktive Platzierung Ihrer Werbematerialien in Suchmaschinen ermöglicht Ihnen eine effizientere Distribution Ihrer klassischen Werbemittel. Spezielle Seiten für die Bestellung von Katalogen, Preislisten oder Merchandising-Produkten erhöhen die werbliche Präsenz Ihrer Firma und ermöglichen Interessenten eine sofortige Bestellung mittels Mausklick. Die Platzierung der Werbemittel als PDF-Downloads reduziert Ihre Druck- und Portokosten und liefert Suchmaschinen hochwertiges Material zur Indexierung.

Verkaufsunterstützung & Lead Generation

Die Optimierung von Webseiten und der Einsatz von Textanzeigen in Suchmaschinen sind überaus effiziente und gut messbare Instrumente zur Gewinnung neuer Kunden.

Abhängig von der Größe und Bedeutung des beabsichtigten Kaufs werden Suchmaschinen frequentiert, um Informationen zu sammeln, Vergleiche zu ziehen und den Käufer bei der abschließenden Produktentscheidung zu unterstützen. Suchmaschinen kanalisieren zunehmend am Markt befindliche Käuferströme und eröffnen neue Wege zu interessanten Zielgruppen und Käuferschichten. Für viele erfahrene Online-Nutzer ist das Internet die primäre Informationsquelle bei der Suche nach Produkten, Dienstleistungen und neuen Firmenkontakten.

Öffentlichkeitsarbeit in Suchmaschinen

Online-Presse-Dienste, wie Google News, ermöglichen eine schnelle und reichweitenstarke Öffentlichkeitsarbeit für Ihr Unternehmen. Pressemitteilungen werden innerhalb der Suchmaschine in einem eigenen Index gespeichert und stehen für längere Zeit zum Abruf bereit.

Personal-Marketing

Firmen mit einer starken Medienpräsenz in Suchmaschinen profitieren von einem einfacheren und kostengünstigen Zugang zu qualifizierten und engagierten Arbeitskräften und einem schnellen und direkten Marktfeedback.

Zielgruppen für Suchmaschinen-Marketing

In den vergangenen Jahren stieg die Anzahl der Internetnutzer im deutschsprachigen Raum kontinuierlich. Im ersten Quartal 2009 nutzten 67 Prozent der Deutschen (42,22 Mio. Menschen) und 80 Prozent der Österreicher (5,56 Mio. Menschen) ab 14 Jahren das Internet. Es zeigt sich darüber hinaus: Wer online ist, nutzt das Internet regelmäßig und immer häufiger auch zum Shoppen.

Demografie der Internetnutzer

Die soziografischen Strukturen der Internetgemeinde bergen keine besonderen Überraschungen mehr.

Der überwiegende Prozentsatz der Online-Nutzer ist zwar immer noch männlich, zwischen 20 und 49 Jahre alt und zu zwei Drittel berufstätig. Jedoch ist vor allem bei jüngeren Zielgruppen die Dominanz der Männer deutlich abgeschwächt. Bei Teenagern nutzen fast so viele weibliche wie männliche Nutzer das Netz zur Information und Kommunikation. Die Schere zugunsten der Männer öffnet sich erst bei den Über-60-Jährigen.

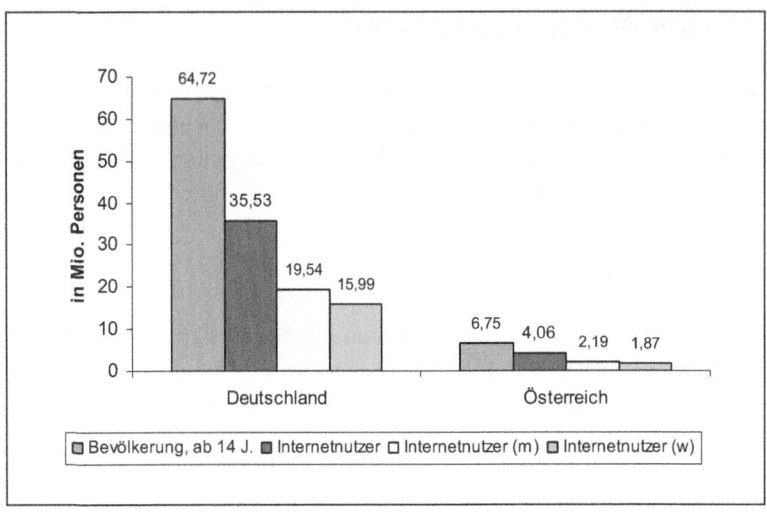

Quelle: AGOF e.V. /CATI-Studie für D, AIM, Integral für Ö, 1 Quartal 2009,
Grundgesamtheit: Bevölkerung ab 14 Jahren

Abbildung 2: Internetnutzer in Deutschland und Österreich

Genutzt wird das Internet überwiegend im privaten Umfeld sowie am
Arbeitsplatz. Öffentliche oder mobile Internetnutzung ist nur von nach-
rangiger Bedeutung.

Nutzungsschwerpunkte im Internet

Private E-Mails und die Recherche in Suchmaschinen werden von
70 Prozent der deutschen Internetuser sehr häufig genutzt. Nachrichten
zum Weltgeschehen, Online-Banking und Einkaufen im Internet spielen
ebenfalls eine wichtige Rolle.

Bücher und CDs sind seit jeher die beliebtesten Kaufobjekte für Internetnutzer. Aber fast genauso viele buchen ihre Hotels für Urlaubs- oder Ge-
schäftsreisen, Flug- und Bahntickets oder kaufen Eintrittskarten für Kino
oder Theater online.

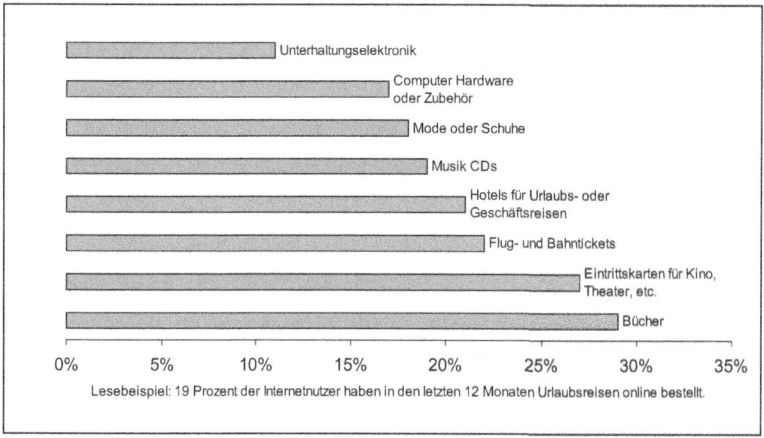

Quelle: AGOF e.V. / CATI-Studie, Deutschland

Abbildung 3: Die Top-Online-Shopping-Produkte

Die Beliebtheit von Suchmaschinen als professionelle Informationsquelle dokumentiert eine Studie des F.A.Z.-Instituts, bei der die Geschäftsführer und Einkäufer von mittelständischen, deutschen Unternehmen befragt wurden. Sie zeigt, dass 95 Prozent der Entscheidungsträger ihre Recherchen bei Suchmaschinen wie Google oder Yahoo starten. Hingegen wendet sich nur ein Drittel der Befragten direkt an die Website eines potenziellen Lieferanten.

3. Instrumente im Suchmaschinen-Marketing-Mix

Um das enorme Potenzial von Suchmaschinen optimal für Ihre Online-Werbung zu nutzen, sind nachfolgende Instrumente für Ihren Internet-Marketing-Mix besonders interessant:

* Suchmaschinen-Optimierung
* Bezahlte Textanzeigen
* Kontextuelle Anzeigen wie Bannerwerbung
* Paid Inclusion

	Charakteristik	Kosten	Anbieter
Suchmaschinen-Optimierung	Ihre Webseiten erscheinen bei einer Abfrage nach einem bestimmten Suchbegriff an vorderster Stelle im Ergebnislisting der Suchmaschine.	Meist kostenlos. Suchmaschinenbetreiber bieten kostenpflichtige Optimierungs-Services für Seiten an.	Google Yahoo MSN, Bing Austronaut Search.ch Web.de
Bezahlte Anzeigen	Stichwort-abhängige Textanzeigen, die ober-, unterhalb und seitlich der normalen Ergebnisanzeigen erscheinen.	Individuelle Preise auf Basis von Klickraten (Cost-per-Click, CPC).	Google AdWords Yahoo Sponsored Search MSN, Bing
Kontextuelle Werbung	Textbasierte oder animierte Werbung (Banner) in Abstimmung mit dem Inhalt der angezeigten Seite.	Individuelle Preise auf Basis von Klickraten (Cost-per-Click) oder Tausender-Preisen (CPM).	Google AdWords Yahoo Search
Paid Inclusion	Kostenpflichtige Aufnahme in Suchmaschinen oder Kataloge, z.B. Produktsuchmaschinen.	Die meisten Kataloge rechnen auf einer CPC-Basis ab. Froogle ist kostenfrei.	Yahoo Search LookSmart Froogle

Abbildung 4: Instrumente im Suchmaschinen-Marketing

Abbildung 4 zeigt eine Gegenüberstellung der Charakteristika, Kosten und Anbieter einzelner Suchmaschinen-Marketing-Instrumente.

In der Praxis werden Ihre Suchmaschinen-Marketing-Aktivitäten je nach Zielgruppe, Produkt, Service und Budget aus einem individuellen Instrumenten-Mix bestehen. In diesem Buch beschäftigen wir uns insbesondere mit den Instrumenten „Suchmaschinen-Optimierung" und „Bezahlte Textanzeigen". Die beiden Instrumente haben sich für eine zielgruppenspezifische Online-Werbung als besonders wirksam erwiesen und erfreuen sich zunehmender Popularität bei Marketing-Managern.

Optimierung Ihrer Suchmaschinen-Platzierung

Bei der Informationssuche genießen Ergebnisse aus dem Index der Suchmaschine bei Internetnutzern die höchste Glaubwürdigkeit und werden bevorzugt genutzt.

Internetnutzer konzentrieren dabei ihre Aufmerksamkeit auf die vordersten Einträge im Ergebnislisting. Ist unter den ersten Einträgen ein relevant erscheinendes Angebot, wird dieses mit allergrößter Wahrscheinlichkeit aufgerufen. Findet der Benutzer die gesuchte Information oder das gewünschte Angebot nicht auf der ersten Ergebnisseite, starten 80 Prozent der Benutzer eine neue Suchabfrage (Hotchkiss, 2004).

Für das Top-Ranking Ihrer Webseiten im Ergebnislisting einer Suchabfrage ist es von zentraler Bedeutung, dass die Seiten für die gesuchten Begriffe optimal aufbereitet sind. Dabei zählen vor allem eine suchmaschinenfreundliche Seitenprogrammierung bzw. Sitestruktur, entsprechende Häufigkeit und Dichte der wichtigsten Suchbegriffe auf den indizierten Seiten sowie eine möglichst starke Vernetzung Ihrer Webinhalte mit anderen Webseiten.

Schaltung von zielgruppenspezifischen Textanzeigen

Bei bezahlten Textanzeigen, wie Google AdWords, Yahoo Sponsored Search oder MSN Paid Search, zahlen Sie dafür, dass Ihre Anzeigen bei passenden Suchanfragen geschaltet werden.

Dabei bieten Sie für die Schaltung Ihrer Anzeigen bei interessanten Suchabfragen einen frei wählbaren Geldbetrag. Wird nun in der Suchmaschine nach einen bestimmten Begriff gesucht, z. B. Urlaubsreisen, dann wird die Textanzeige des jeweiligen Höchstbieters an vorderster Stelle bei den Suchresultaten präsentiert.

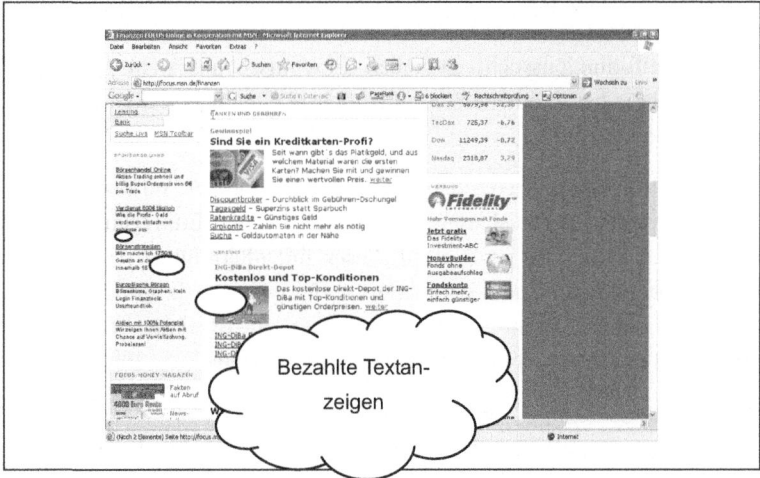

Quelle: http://focus.msn.de/finanzen

Abbildung 5: Sponsored Links auf www.focus.de – dem Online-Magazin der Zeitschrift Focus

Bezahlte Textanzeigen werden üblicherweise von den normalen Ergebnissen optisch und räumlich getrennt und mit dem Hinweis „Anzeige" versehen. Sie werden nicht nur auf den Seiten der Suchmaschinen platziert, sondern, über spezielle Partnerprogramme, auch auf stark frequentierten Shopping-Portalen, großen Online-Communities oder privaten Websites.

Im passenden redaktionellen Umfeld platziert sind Sponsored Links ein ausgesprochen effektives und effizientes Online-Werbemedium. Die Benutzer der Website können direkt im Zusammenhang mit ihren jeweiligen Interessen angesprochen werden. So werden sportinteressierte Leser mit attraktiven Angeboten von Sporthäusern beworben und Reiselustige finden Last-Minute-Specials für den geplanten Wochenendtrip nach London.

Beispiel: Erfolgreich mit Sponsored Links

„Es funktionierte wirklich! Innerhalb von 15 Minuten konnten wir mit Google AdWords tatsächlich Geld verdienen!"[3]

„Fleurop-Interflora blüht auf: Der Blumenvermittlungsservice nutzt Suchmaschinen-Marketing mit Overture zur Absatzsteigerung."[4]

Ein interessanter Vorteil von Suchmaschinen-Anzeigen ist, dass Sie für Ihre Werbung nur dann zahlen, wenn über die Textanzeige ein Besucher direkt auf Ihre Website gelangt.

4. Wie Suchmaschinen funktionieren

Das primäre Interesse von Google, Yahoo und anderen Suchmaschinenbetreibern gilt dem Aufbau umfassender, interessanter und einfach zu-
gänglicher Informationsangebote.

Über die Website des Suchmaschinenanbieters kann der Benutzer über
eine Stichwortsuche oder über Verzeichniskategorien den Inhalt der
Suchmaschinendatenbank abfragen. Suchmaschinen erledigen dabei im
Wesentlichen folgende Aufgaben:

* das kontinuierliche Sammeln von frei zugänglichen Online-
  Dokumenten, u. a. HTML-Texten, Bildern oder PDF-Dateien mittels Spiderprogrammen,

* Aufbereitung der gefundenen Dokumente für die inhaltliche Stich-
  wortanalyse,

* Keyword-Indexierung der Dokumente für eine rasche Datenwieder-
  gewinnung bei passenden Suchanfragen,

* das Beantworten von Suchabfragen durch Auswahl von relevanten
  Dokumenten für das Ergebnislisting.

Spider sammeln Dokumente im Web

Suchmaschinen sammeln mittels spezieller Browserprogramme, den so
genannten Spidern, Searchbots oder Crawlern, laufend Dokumente aus
dem Web. Beim Besuch des Spiders werden ausgewählte Webseitenin-
halte teilweise oder zur Gänze übernommen und für die weitere Verarbei-
tung aufbereitet und gespeichert. Zusätzlich kontrolliert der Spider auch,
ob bereits gespeicherte Dokumente geändert worden sind bzw. überhaupt

noch existieren. Durch den regelmäßigen Vergleich zwischen dem eigenen Datenbestand und den aktuellen Daten auf Ihrer Website stellt die Suchmaschine die Qualität ihrer Daten sicher.

Häufigkeit und Dauer der Spiderbesuche werden durch den Suchmaschinenbetreiber mittels unterschiedlicher Kriterien festgelegt. Grundsätzlich gilt: Je öfter Sie Ihre Webseiten mit relevanten Inhalten aktualisieren, desto beliebter wird Ihre Adresse bei den Suchmaschinenbots.

Aufbereitung und Indexierung der Daten

Die vom Spider übertragenen und gespeicherten Daten werden anschließend für die automatische Keywordanalyse aufbereitet. Bei diesem Prozess werden aus den gespeicherten Dokumenten nicht relevante Textteile, z. B. Programmcode, eliminiert und der verbleibende Rest für die spätere Auswertung in ein einheitliches Datenformat gebracht. Übrig bleibt eine bereinigte Form des Dokuments, bestehend aus einzelnen Zeichenfolgen und für die spätere Auswertung wichtigen Struktur- und Formatinformationen.

Im nächsten Schritt werden aus den aufbereiteten Daten mittels unterschiedlicher Verfahren einzelne Begriffe gewonnen. Oberstes Ziel bei der Datenanalyse ist die Gewinnung von Stichwörtern bzw. Schlüsselbegriffen, die dazu geeignet sind, den Inhalt des Dokuments bestmöglich zu beschreiben.

Dabei werden für das Ranking der Begriffe meist folgende Merkmale berücksichtigt und gespeichert:

* absolute und relative Häufigkeit eines Begriffs innerhalb der analysierten Webseite,

* Position des Stichworts innerhalb des Dokuments,

* Formatierungsmerkmale der Keywords, wie Fettdruck oder Überschriften,

* HTML-Element, in dem der Begriff aufscheint, z. B. Titel, Linktext oder alternative Bildbeschreibung.

Die gewonnenen und gewichteten Keyword-Daten werden für das Dokument gespeichert und bilden die Grundlage für den direkten Index. Dieser enthält für jedes gesuchte Dokument alle Schlüsselwörter und deren Position bzw. Merkmale.

Die eigentliche Indexierung für Suchabfragen erfolgt durch das Anlegen eines Eintrags im invertierten Index. Dieser liefert, ähnlich wie ein Inhaltsverzeichnis, zu jedem Keyword die relevanten Dokumente (vgl. Erlhofer, 2005).

Suchabfragen bei Suchmaschinen

Bei der Nutzung der Suchmaschinen steht dem Informationssuchenden üblicherweise eine Fülle von unterschiedlichen Suchfunktionen zur Verfügung. So können Abfragen nach verschiedenen Parametern eingeschränkt, gefiltert oder kombiniert werden. Meist jedoch wird für die Suche nur ein Suchbegriff oder eine Kombination von Begriffen verwendet.

Den typischen Ablauf einer Suche bei einer Suchmaschine wie Google zeigt Abbildung 6. Der eingegebene Suchbegriff wird an den Indexserver der Suchmaschine übertragen, dieser ermittelt die passenden Dokumente, die, nach ihrer Keywordrelevanz gereiht und versehen mit einigen Zusatzinformationen, als Suchergebnis dem Benutzer angezeigt werden.

Neben ausgewählten Informationen zu angezeigten Adressen, wie Titel, Kurzbeschreibung, URL, Dateigröße und Datum, enthalten die Ergebnisseiten meist auch Informationen über die Anzahl der zur Suchabfrage gefundenen Seiten.

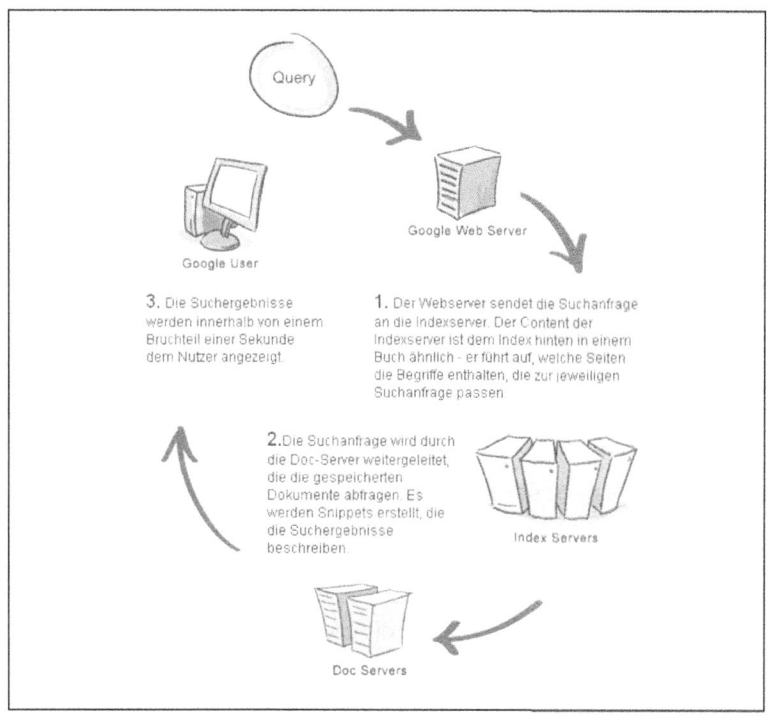

Quelle: http://www.google.de/intl/de/corporate/tech.html

Abbildung 6: Ablauf einer typischen Suchabfrage bei Google

Das Ranking der Seiten

Im Ergebnisranking spiegeln sich letztendlich die Qualität und der unmittelbare Nutzen einer Suchmaschine wider. Benutzer werden mit den gelieferten Ergebnissen nur dann zufrieden sein, wenn diese ihren Erwartungen und Bedürfnissen entsprechen.

Die für die Zusammensetzung der Ergebnislistings verantwortlichen Rankingkriterien zählen zu den bestgehüteten Betriebsgeheimnissen der Suchmaschinen.

Wichtige Kriterien für ein bestmögliches Ranking

* Position des Suchwortes in der Seite (Keyword Prominence)

* Nähe der Suchbegriffe zueinander (Keyword Proximity)

* Häufigkeit des Suchwortes (Keyword Frequency)

* Keyword-Dichte (Keyword Density)

* Das Suchwort im Domain-, Verzeichnis- oder Dateinamen

* Hervorhebung des Suchwortes durch Formatierung, wie Überschrift, Fettdruck oder Kursivschreibweise

* Suchwort in Links, die auf die Seite verweisen

* Nutzung von Synonymen (Latent Semantic Indexing)

* Die Link-Popularität einer Seite

Die Reihenfolge der Suchergebnisse wird beispielsweise bei Google von hunderten Kriterien automatisch bestimmt. Zudem wird die Gewichtung der Kriterien immer wieder geändert, um laufend die Qualität des eigenen Angebots zu verbessern bzw. Ranking-Manipulationen entgegenzuwirken.

Sonstige Arten von Suchmaschinen

Neben den klassischen Suchmaschinen existiert eine Vielzahl von weiteren Suchdiensten im Internet.

Für das Suchmaschinen-Marketing besonders interessant sind:

* Verzeichnisse und Kataloge, wie Yahoo oder dmoz,

* Produkt- oder Preissuchmaschinen, wie Froogle oder geizhals.at,

* Business-to-Business-Suchmaschinen.

Verzeichnisse oder Kataloge

Im Gegensatz zur automatischen Datengewinnung bei Suchmaschinen entscheiden bei Verzeichnissen menschliche Editoren über die Aufnahme von Dokumenten ins Verzeichnis.

Aufgenommene Dokumente werden einzelnen Themengebieten zugeordnet und sind über die Verzeichnisstruktur abrufbar. In der Regel bieten Verzeichnisse einen kleineren Datenbestand als Suchmaschinen. Dieser ist jedoch anhand der Verzeichnisstruktur gut überschaubar und von hoher Relevanz.

In der Praxis werden Verzeichnisse seltener genutzt als Suchmaschinen. Yahoo – die Mutter aller Verzeichnisse – präsentiert ihr Webverzeichnis erst am Ende der Homepage. Google hat den Link zum Verzeichnis – basierend auf dem Open Directory Project, www.dmoz.de – von der internationalen Homepage überhaupt gestrichen und durch eine lokale Suchfunktion ersetzt.

Produkt- oder Preissuchmaschinen

Mit zunehmender Akzeptanz von Online-Shopping haben Produkt- oder Preissuchmaschinen in den vergangenen Jahren an Bedeutung gewonnen. Sie ermöglichen eine gezielte Produktsuche und vereinfachen den Produkt- und Preisvergleich.

Aus Marketingsicht interessant ist der direkte Wettbewerb zu E-Commerce-Giganten wie Amazon oder Ebay oder Spezialdiensten wie Geizhals. Für Firmen mit Onlineshop bieten sich Produktsuchmaschinen als frequenzstarke und vorerst noch kostenfreie, zusätzliche Vertriebskanäle an.

Business-to-Business-Suchmaschinen

Eine weitere Alternative bieten Business-Suchmaschinen, die sich auf Unternehmen spezialisiert haben. Immerhin startet fast jeder zweite professionelle Einkäufer seine Informationssuche bei einer dieser Spezialsuchmaschinen wie „Wer liefert was?" (www.wlw.de) oder bei den Gelben Seiten von Herold.at bzw. Gelbeseiten.de.

Die Platzierung des eigenen Internetangebots in Business-Suchmaschinen erfolgt in der Regel per kostenpflichtigen Anzeigenschaltungen über einen bestimmten Zeitraum, meist ein Jahr.

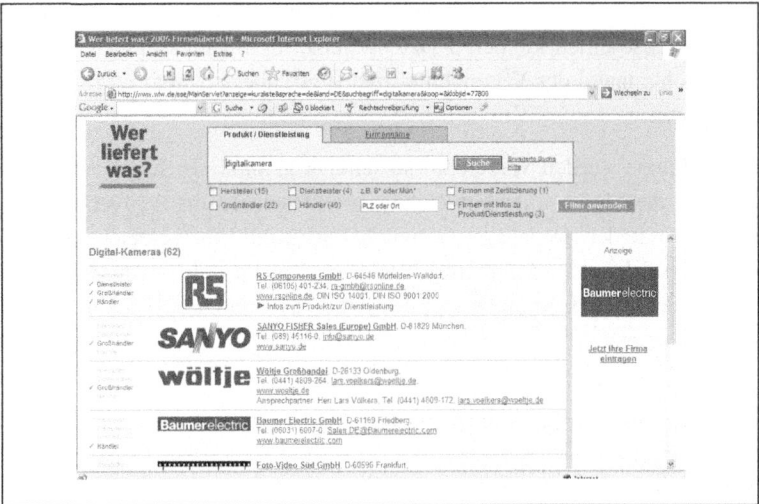

Quelle: www.wlw.de – Ergebnis der Suche nach Digitalkameras

Abbildung 7: Business-to-Business-Suchmaschine für professionelle Einkäufer

Business-to-Business-Suchmaschinen liefern Einkäufern eine Fülle von relevanten Informationen zu Herstellern, Großhändlern, Händlern und Dienstleistern. Neben den Firmendaten werden auch ausführliche Produkt- und Servicedaten zu den gesuchten Waren angeboten.

5. Wie Suchmaschinen genutzt werden

Bei der Planung und Umsetzung eigener Suchmaschinen-Optimierungs-aktivitäten ist es wichtig zu wissen, wonach Internetnutzer suchen und wie sie Suchergebnisse auswerten.

Nach welchen Begriffen wird gesucht?

Einen Blick auf die Hitliste der häufigsten Suchanfragen deutschsprachi-ger Benutzer erlaubt das Google Zeitgeist Archiv[7]. Das Wortarchiv bietet eine Aufzählung der häufigsten Suchbegriffe der vergangenen Monate und Jahre. Er stützt sich auf Milliarden Suchanfragen, die während des Jahres von Google-Nutzern überall auf der Welt gestellt werden.

Livesuche

Andere Suchmaschinen bieten die Möglichkeit, live zu verfolgen, wo-nach Benutzer gerade suchen (vgl. Abbildung 8). Die Live-Suche ist un-terhaltsam und liefert wertvolle Anhaltspunkte für das aktuelle Suchver-halten der Benutzer. So wird ersichtlich, dass immer mehr Benutzer ihre Suche mit mehreren Begriffen gleichzeitig durchführen bzw. auf Bilder bzw. bestimmte Dokumentenarten wie PDF oder Powerpoint-Folien aus-dehnen.

Adressen für Livesuche

www.fireball.de/livesuche ... Livesuche in der Suchmaschine Fireball.
www.lycos.de/suche/livesuche.html ... Livesuche bei Lycos.

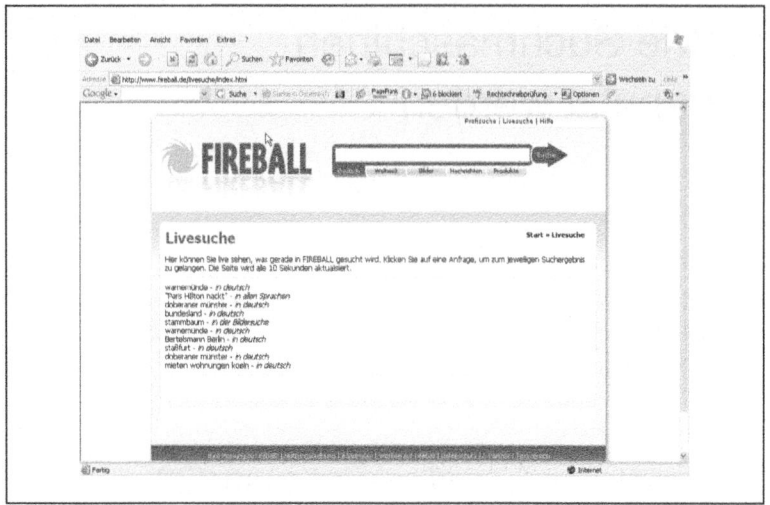

Quelle: Screenshot Fireball.de, http://www.fireball.de

Abbildung 8: Live-Suche auf Fireball.de

Mehrwortsuchen gewinnen an Bedeutung

Suchmaschinennutzer suchen nicht nur nach einzelnen Suchbegriffen. Immer öfter werden bei der Suche Wortpaare oder -tripels verwendet. Wie Abbildung 9 zeigt, verwenden etwa 30 Prozent aller Internetnutzer bei einer Suchmaschinen-Abfrage zwei Suchbegriffe gleichzeitig. An zweiter Stelle folgen 3-Wort-Suchbegriffe (26,8 Prozent) und erst an dritter Stelle die Abfragen mit einem Keyword (16,6 Prozent). Interessant ist auch das Ansteigen von Suchabfragen mit mehr als drei Wörtern. Immerhin jeder siebte Suchmaschinenbenutzer verwendet vier Begriffe für seine Abfrage.

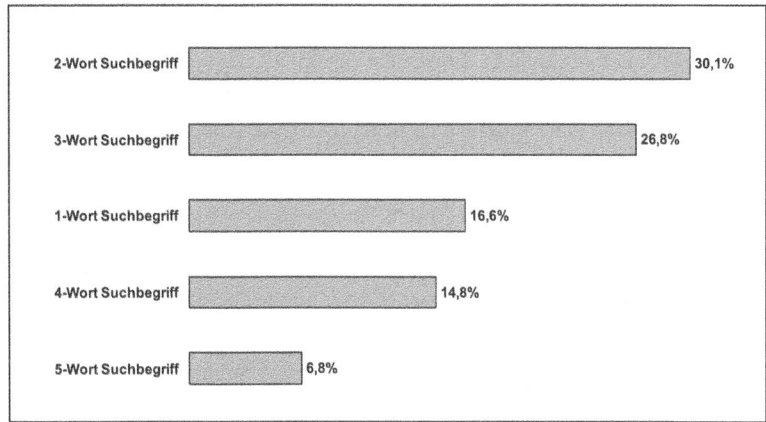

2-Wort Suchbegriff	30,1%
3-Wort Suchbegriff	26,8%
1-Wort Suchbegriff	16,6%
4-Wort Suchbegriff	14,8%
5-Wort Suchbegriff	6,8%

Quelle: http://www.onestat.com/html/aboutus_pressbox32.html

Abbildung 9: Mehrwortsuchbegriffe dominieren Suchabfragen

Während manche Suchmaschinen bei Mehrwort-Suchabfragen auch jene Seiten anzeigen, die nur einzelne Begriffe beinhalten, listet Marktführer Google im Ergebnis nur jene Seiten auf, in denen die Suchbegriffe auch tatsächlich enthalten sind.

Wie werden die Suchergebnisse ausgewertet?

Google hat 2009 eine Eye-Tracking-Studie zum Thema Wahrnehmung von Suchergebnissen durchgeführt und veröffentlicht.[5]

Google-Benutzer scannen die Suchergebnisse nach einem F-ähnlichen Muster. Vor allem die obersten Ergebnisse werden von den Benutzern eingehend betrachtet. Diese Platzierungen sind zweifelsohne die besten für das Suchmaschinen-Marketing.

In der Folge bewegen sich die Augen am linken Rand hinunter, vereinzelt werden Ergebnisse am rechten Rand (bezahlte Textanzeigen) miteinbezogen.

Befindet sich in den Top-Ergebnissen ein ansprechendes Angebot, so wird dieses auch angeklickt. Entspricht der Inhalt der ausgewählten Website den Bedürfnissen des Benutzers, sinkt die Wahrscheinlichkeit, dass weitere Adressen der Ergebnisliste beachtet werden, deutlich.

Die Bereitschaft, innerhalb der angezeigten Ergebnisseite noch zu den Ergebnissen weiter unten zu scrollen, ist ebenfalls stark von der Qualität der ersten Listings abhängig.

Interessant ist, dass Bilder in den Suchergebnissen weit weniger stark wahrgenommen werden als gemeinhin vermutet. Die Benutzer scannen eher nach gesuchten Begriffen. Hier sind die im Suchergebnis aufscheinenden, fett formatierten Keywords besonders augenfällig.

Die aufgezeigten Faktoren unterstreichen die Bedeutung eines zielgerichteten und professionellen Suchmaschinen-Marketings für den eigenen Internetauftritt.

6. Trends und Entwicklungen

Suchmaschinen haben sich in den letzten Jahren zu einem der meist genutzten Internet-Services entwickelt. Werber haben das Medium für ihre Zwecke entdeckt, und vieles deutet darauf hin, dass der Stellenwert der Online-Werbung weiter wachsen wird. Nachfolgend möchte ich auf drei sich abzeichnende Trends bei Suchmaschinen näher eingehen.

Regionalsuche bei Bedarf

Ein Schwerpunkt der Weiterentwicklungen in den kommenden Jahren wird auf einer Verfeinerung der regionalen oder lokalen Suchoptionen für den Benutzer liegen. Hier bietet sich für Suchmaschinen-Marketer ein überaus interessantes Potenzial für zielgruppenspezifische, örtlich genau zu bestimmende Werbeeinschaltungen.

■ **Beispiel:** Regionalsuche bei Bedarf

Bei der Suche nach einem Hotel für den Urlaub oder Spezialitäten-restaurant in einer fremden Stadt spielt naturgemäß die Örtlichkeit des Angebots eine zentrale Rolle. Mehr als 60 Prozent der Mehr-wort-Suchabfragen für „restaurant" beinhalteten einen lokalen Such-begriff wie München, Berlin oder Sölden.

Schon heute bieten manche kleineren Suchmaschinenanbieter die Möglichkeit, ihre Datenbestände gezielt nach geografischen Gesichtspunkten zu durchforsten. Die großen Anbieter sind im Begriff, über eigene Entwicklungen, z. B. Google Local, diesen Markt für sich zu erobern. Derzeit in Amerika noch im Beta-Stadium bietet „Google Local" neben der

Trefferliste noch einen Stadtplan, auf dem die Standorte der gefundenen Firmen eingezeichnet sind.

Personalisierung der Suchergebnisse

Personalisierung berücksichtigt bei der Anzeige der Suchergebnisse individuelle Interessen und Bedürfnisse der Suchmaschinenbenutzer.

■ **Beispiel:** Personalisierung der Suchergebnisse

> Ein Arzt hat bei der Suche nach neuen Ultraschalltechniken ganz anders gelagerte Interessen als ein Schüler, der zum gleichen Thema allgemeine Informationen für ein Klassenreferat sucht.
>
> Der Arzt möchte beispielsweise Studienergebnisse über die Anwendung neuer Ultraschalltechniken bei Untersuchungen einsehen, während der Schüler eine leicht verständliche Einführung in die Ultraschalltechnik, mit ein paar Bildern fürs Referat, sucht.
>
> Heutige Rankingtechnologien lassen individuelle Bedürfnisse weitgehend unberücksichtigt und würden Arzt und Schüler die gleichen Ergebnisse liefern.

Für die Personalisierung werden Nutzerdaten benötigt, die von den Suchmaschinen gesammelt und ausgewertet werden, um die persönlichen Informationsbedürfnisse der einzelnen Benutzer besser nachvollziehen zu können. Dabei werden Seiten, die vom Benutzer eine bestimmte Zeit lang betrachtet werden, höher gewichtet als nur kurz besuchte Seiten. Sind Seiteninhalte durch die Suchmaschinenbetreiber entsprechend klassifiziert, ergibt sich im Laufe der Nutzungsdauer ein persönliches Interessensprofil für den jeweiligen Benutzer.

Einen interessanten Ansatz verwirklicht die Suchmaschine Eurekster, die Benutzern die Möglichkeit bietet, gemeinsam mit Freunden, Kollegen oder anderen Gleichgesinnten eine Interessensgruppe zu bilden. Ziel ist es, durch die Berücksichtigung des gemeinsamen Suchverhaltens für alle Mitglieder der Gruppe „bessere" Resultate zu liefern. Da in der Verbesserung der Qualität ihrer Suchergebnisse ein gewaltiges Erfolgspotenzial für Suchmaschinenbetreiber steckt, ist zu erwarten, dass alle führenden Anbieter in derartige Technologien investieren werden.

Spezialisierung der Indexbestände

Die Suchabfragen der Internetnutzer zielten in den vergangenen Jahren immer öfter auf spezifische, persönliche oder berufliche Interessen ab. Suchmaschinenanbieter sind dabei, ihre Datenbestände immer mehr zu spezialisieren, und bieten mittlerweile Zugriff auf Bilddatenbanken, Pressemitteilungen, Preis- und Produktvergleiche und vieles andere mehr.

Denkbar wäre eine weitere Spezialisierung der Indizes auf bestimmte Themenbereiche, z. B. Forschung & Entwicklung, Medizin oder Ticketbörsen. Google bietet unter anderem die Möglichkeit, direkt in Büchern nach Textstellen zu suchen, Teile des Buches online zu lesen und es bei Bedarf über Vertriebspartner zu bestellen. Aus Sicht des Suchmaschinen-Marketings wird es wichtig sein, als Anbieter in allen themenspezifischen Indizes präsent zu sein.

Teil II

Suchmaschinen-Optimierung

1. Wichtige Kriterien für die Positionierung

Im vorhergehenden Kapitel haben wir uns mit unterschiedlichen Aspekten des Suchmaschinen-Marketings auseinandergesetzt. Wir haben verschiedene Instrumente kennen gelernt und wissen, wie Suchmaschinen funktionieren bzw. genutzt werden. Als nächstes wollen wir uns mit der Optimierung der eigenen Webseiten für eine bestmögliche Aufnahme in den Index beschäftigen.

Suchmaschinen versuchen über ausgefeilte Auswertungsmethoden, um möglichst jene Seiten in den Ergebnislisten ganz oben zu platzieren, die für den Benutzer die höchste inhaltliche Relevanz besitzen.

Die Anzahl und Gewichtung der für das Ranking berücksichtigten Merkmale variiert von Suchmaschine zu Suchmaschine. Beim Marktführer Google wird die Reihenfolge der Suchergebnisse neben dem Page-Rank von mehr als 200 unterschiedlichen Kriterien bestimmt. Betreiber von Suchmaschinen hüten Informationen über Ranking-Algorithmen äußerst sorgsam und ändern ihre Auswertungsmethoden immer wieder, so dass Aussagen über die Wirksamkeit einzelner Faktoren nur bedingt getroffen werden können.

Wie wir bereits im vorigen Kapitel gesehen haben, konzentrieren sich Suchmaschinen bei der Indexierung gefundener Seiten auf die darin enthaltenen Stichworte.

Grundlegende Faktoren zur Beurteilung der inhaltlichen Relevanz bzw. für das Ranking einer Webseite sind die Antworten auf folgende Fragen:

* An welcher Stelle ist ein Keyword in die Seite eingebunden?

* Wie hoch sind die absoluten und relativen Häufigkeiten des Keywords innerhalb einer Webseite bzw. Website?

* Wie umfangreich und aktuell ist die Website?

* Ist die Website populär, wird sie von anderen Webseiten empfohlen?

Keyword-Kriterien für das Ranking

Ist ein Suchbegriff in der Seite enthalten, werden verschiedenste Kriterien für das Ranking in Bezug auf eine Suchanfrage herangezogen.

Keyword im Domainnamen bzw. URL

Webseiten mit dem gesuchten Begriff im Domainnamen bzw. im URL haben eine sehr hohe Gewichtung im Ergebnislisting. Je früher eine Übereinstimmung erzielt wird, desto besser.

■ **Beispiel:** Keyword im URL

> www.digitalkamera.de/spiegelreflexkameras
>
> ist für den Suchbegriff „digitalkamera" besser als
>
> www. spiegelreflexkameras.de/digitalkamera

Welche Bedeutung dem Keyword im URL zukommt, zeigt eine entsprechende Abfrage auf Google. Die ersten Adressen im Ergebnislisting zum Suchbegriff „digitalkamera" haben alle das Wort prominent im URL platziert.

■ **Beispiel:** Keyword im Titel des Dokuments

Jedes Webdokument trägt einen Titel. Dieser ist bei Aufruf der Seite in der Titelleiste des Browserfensters zu finden. Auch hier gilt: Je weiter vorne ein Suchbegriff im Dokumententitel zu finden ist, desto höher ist seine Gewichtung.

Generell sollte der Titel nicht mehr als fünf bis sieben Begriffe und maximal 60 Zeichen umfassen.

Keyword-Häufigkeit (Keyword Frequency)

Die Häufigkeit von Stichworten innerhalb einer Webseite hat starken Einfluss auf die Position der Seite innerhalb der Suchergebnisse. Im Prinzip gilt: Je häufiger und je exakter ein Stichwort in der Seite enthalten ist, desto besser ist der Rang in der Ergebnisreihung. Aber Achtung, übertreiben Sie es nicht: Eine allzu häufige Wiederholung desselben Begriffs ist kontraproduktiv.

Keyword-Dichte (Keyword Density)

Der Begriff Keyword-Dichte beschreibt das Verhältnis der Häufigkeit eines Suchbegriffs zur Summe aller Wörter im gesamten Text einer Webseite, ausgedrückt in Prozent. Die Keyword-Dichte wird vom Suchmaschinen-Algorithmus berechnet und beeinflusst das Ranking der Webseite im Ergebnislisting. Grundsätzlich bewirkt eine höhere Keyword-Dichte eine bessere Platzierung.

■ **Beispiel:** Berechnung der Keyword-Dichte

Besteht eine Webseite aus 100 Worten und kommt der Suchbegriff „digitalkamera" in verschiedenen Bereichen der Seite insgesamt fünfmal vor, dann beträgt die Keyword-Dichte fünf Prozent.

Keyword-Dichten werden für unterschiedliche Bereiche und Elemente der Webseite berechnet, unter anderem für

* den Titel der Webseite,

* die Meta-Tags KEYWORDS und DESCRIPTION,

* Texte als Überschriften (H1 – H3) oder

* Linkbezeichnungen und Bildbeschreibungen (ALT IMAGE – Tag).

Keyword-Prominenz (Keyword Prominence)

Die Keyword-Prominenz beschreibt die Position eines Suchbegriffs innerhalb einer Seite bzw. eines Seitenelements. Grundsätzlich gilt: Je früher ein Suchbegriff auf der Seite zu finden ist, umso relevanter ist er aus Sicht der Suchmaschine für das Ergebnislisting.

Beispiel: Keyword-Prominenz im Titel

> Der Titel eines Online-Shops für Digitalkameras lautet:
>
> Digitalkamera von Canon zum Sonderpreis!
>
> In diesem Fall hat das Keyword „Digitalkamera" an der ersten Stelle im Titel eine Keyword-Prominenz (KP) von 100 Prozent. Der Begriff „Canon" hat einen KP-Wert von 60 Prozent, und „Sonderpreis" käme auf 20 Prozent.

Ebenfalls berücksichtigt wird die absolute Häufigkeit des Begriffs. In der Regel verringert sich die Keyword-Prominenz bei häufigen Wortwiederholungen.

Keyword-Nähe (Keyword Proximity)

Die Keyword Proximity berücksichtigt die Nähe und die Reihenfolge von Suchbegriffen zueinander.

■ Beispiel: Keyword Proximity

> Der Titel eines Online-Shops für Digital Kameras lautet entweder
>
> (a) Canon Digitalkameras im Preisvergleich oder
>
> (b) Digitalkameras im Preisvergleich: Canon, ...
>
> In diesem Fall hätte Titel (a) für die Suchabfrage „canon digitalkameras" eine höhere Keyword Proximity als Titel (b).

Grundsätzlich gilt: Je näher zwei Begriffe zueinander stehen, desto höher ist ihre Gewichtung für das Suchmaschinen-Ranking.

Site-spezifische Kriterien

Neben den keywordbezogenen Merkmalen wird eine Reihe von sitebezogenen Eigenschaften zur Bewertung der Webseiten herangezogen.

Flache Sitestruktur erleichtert Indexing

Ein wichtiges Kriterium für die Indexierung einer Website ist die Sitestruktur. Suchmaschinen lieben kurze Wege und indizieren selten mehr als drei Ebenen einer Website.

Wichtig ist eine fehlerfreie, interne Verlinkung der Webseiten direkt von der Einstiegsseite weg. Die Bezeichnung einzelner Links sollte unbedingt mit Keywords erfolgen. Bei einer grafischen Navigation mit Bildbuttons sollten Sie Bildbezeichnungen verwenden.

Link-Popularität beeinflusst Ranking

Die Link-Popularität hat einen großen Einfluss auf Ihr Ranking. Als Maß für die Popularität einer Seite werden die externen Links auf Ihre Seite gezählt.

Suchmaschinen wie Google bewerten außerdem den Linktext, also jene Begriffe, die im beschreibenden Text zu einem Link enthalten sind. Links von Verzeichnissen, wie dmoz oder Yahoo, zählen mehr als ein Link von einer kleinen privaten Homepage.

Search Engine Saturation (Suchmaschinen-Durchdringung)

Die Suchmaschinen-Durchdringung misst, wie viele einzelne Seiten der von Ihnen angegebenen Internetadresse in den jeweiligen Suchmaschinen gespeichert sind.

Alter & Aktualisierungsrate

Insbesondere Google berücksichtigt das Alter und die Häufigkeit von Updates einzelner Seiten beim Ergebnisranking. Dabei werden häufig aktualisierte Seiten vom Suchmaschinen-Spider öfter frequentiert als selten geänderte Webseiten.

Vieles deutet daraufhin, dass Google älteren Seiten einen Platzierungsbonus gegenüber jüngeren Seiten gleichen oder ähnlichen Inhalts gewährt. Vermutet wird, dass Seiten von neuen Domains eine Zeitlang in der so genannten Sandbox verweilen, bevor sie in den regulären Google Index einbezogen werden. Sandboxing betrifft neu in Google aufgenommene Websites. Diese erhalten eine Zeitlang für ihre relevanten Suchbegriffe kein adäquates Ranking. Der „Sandbox-Effect" scheint einige Monate zu wirken.

2. Die richtigen Keywords finden

Wie wir bereits gesehen haben, wird das Ergebnis Ihrer Suchmaschinen-Optimierung überwiegend von der Auswahl der richtigen Keywords bestimmt.

Die von Ihnen für die Optimierung gewählten Suchbegriffe sollen Ihr Angebot bestmöglich beschreiben und optimal auf das Suchverhalten Ihre Zielgruppe abgestimmt sein. Dabei muss klar sein, dass bei der endgültigen Auswahl der Stichworte immer nur eine geringe Anzahl von Begriffen zur Optimierung der jeweiligen Seite herangezogen werden kann.

Probleme bei der Keywordsuche

Wenn potenzielle Kunden nach bestimmten Produkten oder Services im Internet suchen, dann tun sie dies auf sehr unterschiedliche Art und Weise. Manche Ihrer Kunden suchen mit allgemeinen, andere mit spezifischen Begriffen und ein Teil kombiniert verschiedene Stichworte miteinander.

Es gibt noch viele weitere Varianten, die täglich immer wieder anders von Ihren Kunden bei der Suche nach Ihren Produkten verwendet werden können. Eine Analyse mit dem Google Keyword-Tool ergab für den Suchbegriff „digitalkamera" über 200 verschiedene Suchanfragevarianten.

■ Beispiel: Viele Suchbegriffe führen zum Ziel

Stellen Sie sich vor, Sie betreiben einen Online-Shop für Digital-kameras. Da möchten Sie natürlich mit Ihrem Angebot bei einer passenden Suchanfrage ganz vorne im Ergebnislisting aufscheinen.

Wie suchen nun Nutzer nach dem Begriff „digitalkamera"?

Nutzer A: digitalkamera

Nutzer B: olympus digitalkamera

Nutzer C: vergleich digitalkamera

Nutzer D: digitalkamera angebote

Nutzer E: digitalkamera testsieger

Quelle: Google Keyword Finder

Suche nach geeigneten Keywords

Folgende Fragen stehen bei der Suche nach passenden Keywords im Vordergrund:

* Bei welchen Suchabfragen will ich im Internet unbedingt präsent sein?

* Mit welchen Suchbegriffen könnte ein potenzieller Kunde nach unseren Produkten oder Services suchen?

* Wie häufig werden bestimmte Suchbegriffe bei der Informationssuche verwendet?

* Für welche Keywords haben unsere Mitbewerber ihre Webseiten optimiert?

Es gibt mehrere Methoden, um herauszufinden, welche Keywords oder Keyword-Kombinationen für die Optimierung Ihrer Webseiten geeignet sind.

Ableitung aus der eigenen Marktpositionierung

Aus Marketingsicht erscheint es unumgänglich, immer dann an vorderster Stelle im Ergebnislisting einer Suchmaschine aufzuscheinen, wenn die eigene Firma oder Marke gesucht bzw. Anfragen zum eigenen Produkt- oder Serviceangebot gestellt werden. Folgende Suchbegriffe sollten deshalb unbedingt in Ihrer Keyword-Liste enthalten sein:

* Firmenname,

* Markennamen,

* Produkt- und Sortimentsbezeichnungen,

* Unternehmensgegenstand in Stichworten.

Befragen Sie darüber hinaus Kunden und Kollegen aus dem Vertrieb, aus Marketing, Kundendienst oder anderen kundennahen Bereichen, mit welchen Suchbegriffen sie nach den Produkten, Dienstleistungen oder Angeboten Ihrer Firma suchen würden. Mit dieser Methode können Sie rasch passende Suchbegriffe identifizieren. Im Idealfall erhalten Sie auch noch Suchbegriffe, an die Sie nicht gedacht haben.

Assoziationsanalyse

Eine weitere Methode, um potenzielle Keywords zu finden, ist die Assoziationsanalyse, die aus Webseiteninhalten gleichwertige oder ähnliche Suchbegriffe extrahiert.

Da die Assoziationsanalyse direkt aus Webdokumenten gewonnen wird, ist sie sprachunabhängig; d. h., Sie können bei Eingabe deutscher Wörter auch Fachbegriffe aus beliebigen anderen Sprachen gewinnen. Die gewonnenen Begriffe liefern wertvolle Hinweise für die Sammlung eigener Stichworte zu einem Themenbereich.

■ **Beispiel:** Assoziationsanalyse für „digitalkamera"

> Zum Suchbegriff „digitalkamera" liefert der Web-Assoziator der Metasuchmaschine Metager unter anderem die folgenden häufig auf themenspezifischen Webseiten vorkommenden Begriffe: digitalkameras, canon, computer, preisvergleich, digital, megapixel, fotografie, digitale, shop, camcorder usw.

Spezielle Keyword Research Services

Einige spezialisierte Websites bieten Keyword Research Services mit sehr großen Keyword-Datenbanken im Hintergrund an. Diese Datenbanken unterstützen Ihre Keywordsuche, da sie nicht nur einzelne Suchbegriffe liefern, sondern auch Statistiken anbieten, welche Keywords oder Keywordkombinationen in einem bestimmten Zeitraum am häufigsten gesucht worden sind.

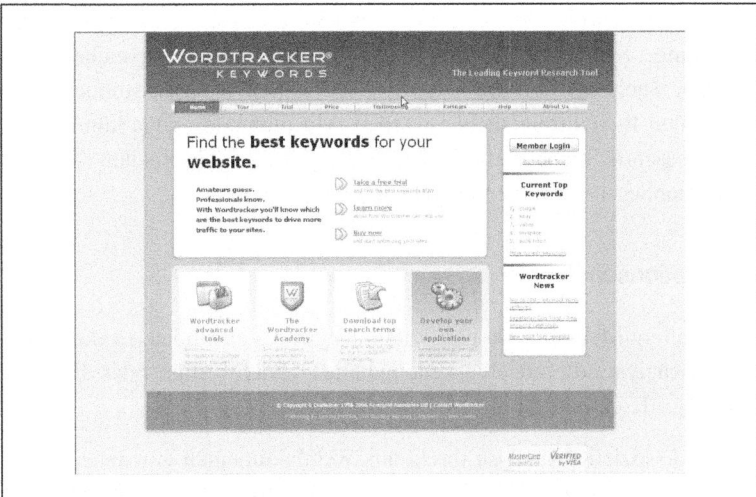

Quelle: http://www.wordtracker.com

Abbildung 10: Suche nach geeigneten Keywords mittels Wordtracker

Wordtracker ist ein häufig genutzter Online-Service für die gezielte Keyword-Suche und kann unter www.wordtracker.com kostenlos getestet werden. Da der Inhalt der Datenbanken auf Ergebnissen englischsprachiger Suchmaschinen beruht, ist dieses Online-Tool besonders gut für die Optimierung von englischen Websites geeignet.

Google Keyword-Tool

Google bietet zur Suche nach passenden Keywords ein eigenes Tool an. Mit dem praktischen Werkzeug können Sie Wortkombinationen oder ähnliche Suchbegriffe finden, die in Zusammenhang mit Ihrem Keyword von Google-Nutzern verwendet worden sind.

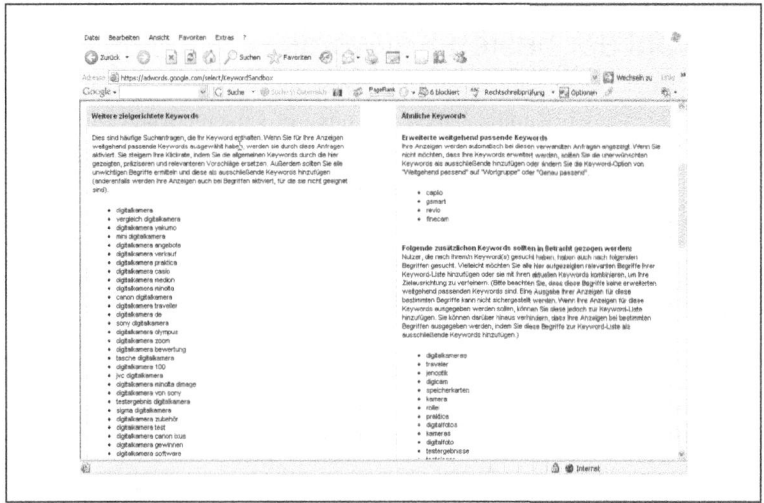

Quelle: https://Adwords.google.com/select/KeywordToolExternal

Abbildung 11: Google Keyword-Tool

Bei der Suche nach weiteren Keywords zum Begriff „digitalkamera" bietet das Programm, wie in Abbildung 11 ersichtlich, die folgenden Begriffe und deren durchschnittliche Anzahl von Suchabfragen pro Monat für den deutschsprachigen Markt an:

✳ digitalkamera	7.480.000
✳ digitalkameras	6.120.000
✳ digitalkamera megapixel	3.350.000
✳ canon digitalkamera	1.500.000
✳ digitalkamera 8 megapixel	673.000

Die Ergebnisse der Abfrage können im Laufe der Zeit variieren.

Auffallend ist das kaufbezogene und markenorientierte Interesse bei den Suchabfragen. Weiterhin wird die häufige Verwendung von Mehrwort-Suchen ersichtlich.

Auswahl der besten Keywords

Im vorhergehenden Kapitel haben wir uns mit verschiedenen Methoden und Tools zum Auffinden geeigneter Keywords auseinandergesetzt. Jetzt wollen wir uns mit der Frage beschäftigen, welche Keywords am besten für eine geplante Seitenoptimierung geeignet sind.

Keyword Effectiveness Index (KEI)

Es gibt kein Patentrezept für die Auswahl von Keywords und Keyword-Kombinationen. Eine gängige Methode zur Evaluierung bestehender Keywords ist der Keyword Effectiveness Index (KEI).

Der KEI wurde von Sumatra Roy, einem Suchmaschinen-Marketing-Pionier, entwickelt und dient zur Bewertung der Effizienz einzelner Suchbegriffe. Im Wesentlichen werden die Popularität eines Suchbegriffes, d. h., wie oft ein Begriff bei Suchabfragen verwendet wurde, und die Anzahl von Webseiten, die den Begriff beinhalten (Competition), zueinander in Verhältnis gesetzt.

■ **Beispiel:** Berechnung des KEI-Index

KEI = P²/C

P ... Popularität des Begriffs

C ... Competition des Begriffs

Die Bedingungen für den KEI:

* Der KEI soll steigen, wenn die Popularität eines Suchbegriffs wächst, d. h., je mehr Nutzer den Begriff bei Suchanfragen verwenden, desto attraktiver ist der Begriff.

* Der KEI soll sinken, wenn die Anzahl der Webseiten, die den Begriff beinhalten, steigt, d. h., je mehr Webseiten den Begriff beinhalten, desto uninteressanter ist er für die eigene.

* Der KEI soll aber auch steigen, wenn Popularität bzw. Competition im gleichen Ausmaß anwachsen.

Es gibt eine Reihe von Tools zum Finden von Keywords, unter anderem Wordtracker, die die Keim-Methode zur Evaluierung von Suchbegriffen heranziehen.

Für die Auswertung gelten folgende Grundregeln zur Optimierung:

* Suchbegriffe mit einem KEI unter 10 sind uninteressant.

* Suchbegriffe mit einem KEI zwischen 10 und 100 sind interessant.

* Suchbegriffe mit einem KEI über 100 sind besonders attraktiv.

Keyword-Strategien

Beim konkreten Einsatz von Suchbegriffen für die Suchmaschinen-Optimierung oder für bezahlte Textanzeigen empfiehlt es sich, individuelle Keyword-Strategien zu nutzen:

* Platzieren Sie Ihre Keywords auf spiderfreundliche Art und Weise in für die Indexierung relevante Bereiche der Webseite.

* Kombinieren Sie allgemeine Begriffe wie Gattungsbegriffe zu zielgruppenspezifischen Zwei- bis Dreiwort-Gruppen.

* Verwenden Sie unterschiedliche Schreibweisen und Synonyme für Ihre Keywords.

Suchmaschinenfreundliche Platzierung der Keywords

Wie bereits besprochen, werten Suchmaschinen den Inhalt der gefundenen Seiten nach verschiedensten Gesichtspunkten aus. In die Bewertung fließen unter anderem die Platzierung, Reihenfolge, Häufigkeit und Formatierung einzelner Begriffe ein. Für ein optimales Ranking Ihrer Webseiten bei einer Suchabfrage platzieren Sie Ihre Keywords genau in diese neuralgischen Seitenbereiche. Mehr dazu erfahren Sie im nachfolgenden Kapitel über die Optimierung einzelner Seiten.

Suchbegriffe intelligent kombinieren

Untersuchungen und Beobachtungen (Live-Suche) zeigen, dass Suchmaschinenbenutzer bei Suchanfragen immer öfter mit kombinierten Suchbegriffen arbeiten. Eine effiziente Strategie für die Auswahl der Suchbegriffe besteht darin, die wichtigsten Keywords für die eigenen Seiten mit beschreibenden Merkmalen wie Region, Material, Einsatzbereich usw. zu kombinieren.

■ **Beispiel:** Kombination von Suchbegriffen

> Wenn Sie ein Wellnesshotel in den Tiroler Bergen bewerben wollen, bringt Ihnen eine Optimierung der Seiten für den Suchbegriff „hotel" herzlich wenig. Vielversprechender ist der gezielte Einsatz von Kombinationen des Begriffes „hotel" mit zusätzlichen, das Angebot näher beschreibenden Worten, wie „wellness hotel tirol".

Ein weiterer Vorteil dieser Strategie ist, dass Seitenbesucher, die über eine entsprechende Suchabfrage auf Ihre Website gelangen, ein sehr konkretes Interesse an Ihrem Angebot haben dürften.

Unterschiedliche Schreibweisen und Synonyme verwenden

Unterschiedliche Schreibweisen können beträchtliche Auswirkungen auf die Effizienz Ihrer Optimierungsanstrengungen haben.

■ **Beispiel:** Auswirkung unterschiedlicher Schreibweisen

> Das Keyword Research Tool von Overture zeigte für den Begriff „digicam" 13 299 Abfragen an.
>
> Für den Begriff „digitalkamera" fielen im gleichen Zeitraum 836 417 Suchvorgänge an.

Neben Plural- und Singularschreibweisen bieten sich noch Zusammen- und Getrenntschreibung von Begriffen und die Nutzung von häufigen Tippfehlern als strategischer Ansatz für den effizienten Einsatz von Keywords an.

3. Einzelne Seiten optimieren

Für die Optimierung der Webseiten stehen uns verschiedene auf einzelne Webseiten oder die gesamte Website bezogene Elemente zur Verfügung. Neben der Struktur und einzelnen Bestandteilen von Webseiten bilden Keyword Density und suchmaschinenfreundliche Gestaltung der Texte die wichtigsten Ansatzpunkte für die Optimierung der Webdokumente.

Wie Webseiten aufgebaut sind

Webseiten werden in HTML (Hyper Text Markup Language), einer eigenen Seitenbeschreibungssprache, erstellt. Diese Sprache definiert den Inhalt, das Layout und Design einer Webseite.

Von HTML gibt es unterschiedliche Standards, die verschiedene Darstellungs- und Gestaltungsmöglichkeiten erlauben. Damit ein Browser das Dokument richtig interpretiert, muss er wissen, in welchem HTML-Standard das Dokument erstellt wurde.

▨ **Beispiel:** Dokumentenspezifikation

```
<!DOCTYPE HTML PUBLIC "-//W3C//DTD HTML 4.0//EN">
```

Die Dokumentenspezifikation HTML Document Type Definition (DTD) legt formal den zur Erstellung der Seite verwendeten HTML-Standard, d. h. die gültigen HTML-Befehle und ihre zulässigen Parameter, fest.

Grundstruktur einer HTML-Seite

■ **Beispiel:** Struktur einer HTML-Seite

```
<!DOCTYPE HTML PUBLIC "-//W3C//DTD HTML 4.0//EN">

<html>

    <head>

    <title>Titel der Seite</title>

    <meta name = ...> <!-- Meta Tag Informationen -->

    </head>

<body>

    Der für den Benutzer sichtbare Text bzw. Inhalt einer Webseite be-
    findet sich im Body-Teil des Dokuments.

</body>

</html>
```

Unmittelbar nach der Dokumentenspezifikation folgt der HTML-Tag `<html>`. Die Markierung definiert den nachfolgenden Text als HTML-Code. Jedes HTML-Dokument besteht aus einem Kopfteil, eingerahmt durch `<head>` und `</head>`, und dem eigentlichen Body, eingerahmt durch `<body>` und `</body>`. Beendet wird das HTML-Dokument mit dem `</html>`-Tag. Der Kopfteil besteht unter anderem aus dem Titel und den Meta-Tags.

Während marktführende Browser, wie der Microsoft Internet Explorer, mit nicht standardkonformen Webseiten sehr tolerant umgehen und sie meist problemlos darstellen, reagieren die Suchmaschinenbots wesentlich empfindlicher. Im schlimmsten Fall beurteilt der Spider das Dokument als fehlerhaft und verzichtet auf eine Indexierung der Seite. Es lohnt sich also, schon bei der Erstellung der Seiten auf die richtige Umsetzung von HTML-Standards zu achten.

Wichtige Seitenelemente zur Optimierung

Zur Optimierung der Webseite stehen im Head- und Body-Bereich eines Dokuments für die Platzierung von Keywords verschiedene Seitenelemente zur Verfügung. Suchmaschinen werten diese Bereiche gezielt aus, um die Relevanz der Seite hinsichtlich des verwendeten Suchbegriffs (Keywords) zu berechnen.

Zu den wichtigsten Elementen zählen spezielle HTML-Tags und Definitionen, wie

* der Titel des Dokuments (TITLE),

* die Metatags Keyword und Description (META),

* die Bezeichnung von Links,

* Texte für Bildbeschreibungen (IMAGE Alt=).

Nachfolgend werden die Optimierungsmöglichkeiten für die einzelnen Seitenelemente detailliert beschrieben.

Der Titel des Dokuments (TITLE-Tag)

Im Header-Bereich des HTML-Dokuments kann mit dem TITLE-Tag der Titel des Dokuments festgelegt werden. Die Begriffe im Titel einer Webseite werden von Suchmaschinen für das Ranking meist sehr hoch bewertet. Den Titel des aktuellen Dokumentes finden Sie in der blauen Kopfleiste des jeweiligen Browserfensters.

Bei einer Suchabfrage werden Sie feststellen, dass erstgereihte Webseiten in der Regel den Suchbegriff im Titel beinhalten. Außerdem wird der Titel des Dokuments bei Suchmaschinen als Überschrift und Linkbezeichnung im Ergebnislisting verwendet.

■ Beispiel: Aussagekräftige Dokumententitel

> Ein ausgezeichnetes Beispiel für den richtigen Einsatz des Dokumententitels bietet die Website von www.digitalkamera.de.
>
> digitalkamera.de – Das Online-Magazin zur Digitalfotografie
>
> Der Titel beinhaltet das Stichwort „digitalkamera" an erster Stelle und darüber hinaus eine ansprechende Positionierung der Site als „Das Online Magazin zur Digitalfotografie".
>
> Websites mit „Herzlich willkommen" oder „Homepage" im Titel haben hier zwangsläufig das Nachsehen.

Sie können den Titel des Dokuments wie eine Schlagzeile betrachten. Er sollte kurz, informativ und ansprechend sein. Unbedingt sollten Sie dort Ihre wichtigsten Keywords für die jeweilige Seite unterbringen.

Checkliste: So nutzen Sie den Dokumententitel richtig

✓ Verwenden Sie maximal fünf bis sieben Keywords (nicht länger als 60 Zeichen).

✓ Geben Sie jeder Seite einen individuellen Titel.

✓ Vermeiden Sie Sonderzeichen und Abkürzungen.

✓ Platzieren Sie das wichtigste Keyword möglichst ganz vorne.

✓ Aktivieren Sie den Leser durch eine ansprechende Titelformulierung zum Anklicken Ihrer Seite.

Die META-Tags KEYWORD und DESCRITION

META-Tags sind im für den Leser unsichtbaren Kopfbereich eines HTML-Dokuments zu finden. Sie werden verwendet, um Eigenschaften eines Dokuments wie Autor, Ablaufdatum, eine Liste von Keywords oder eine kurze Inhaltsangabe der Seite festzulegen.

Spiderbots suchen nach META-Tags und werten insbesondere die Inhalte der META-Tags KEYWORD und DESCRIPTION aus. Diese waren einmal das A und O der Suchmaschinen-Optimierung. Heute zählen META-Tags zu den vielen Kriterien, die Suchmaschinen bei der Auswertung von Seiteninhalten heranzuziehen pflegen.

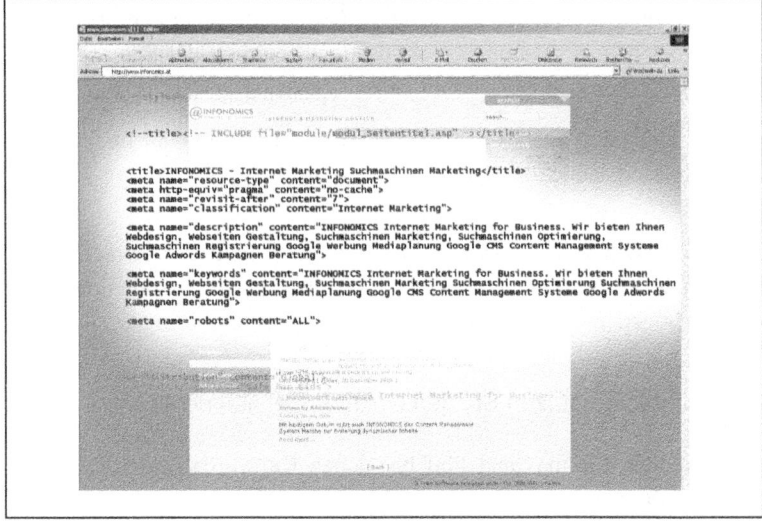

Abbildung 12: Quellcode einer HTML-Seite mit META-Tags KEYWORD und DESCRIPTION

Trotzdem sollten Sie auf den Einsatz der Tags nicht verzichten. Eine Reihe von Suchmaschinen, z. B. MSN, nutzen den Inhalt des Description-Tags für den Kurztext im Ergebnislisting.

Checkliste: So nutzen Sie die META-Keywords richtig

✓ Verwenden Sie maximal 20 Begriffe, keine Begriffswiederholungen (Spam).

✓ Nutzen Sie verschiedene Schreibweisen, wie Ein-/Mehrzahl oder Getrennt-/Zusammenschreibung.

✓ Jeder verwendete Begriff sollte unbedingt auch im Textteil (Body) des Dokuments aufscheinen.

✓ Trennen Sie 1-Wort-, 2-Wort- oder 3-Wort-Begriffe durch Kommata.

✓ Platzieren Sie wichtige Keywords möglichst ganz vorne.

Checkliste: So nutzen Sie die META Description richtig

✓ Maximal 1 000 Zeichen lang.

✓ Die ersten 200 Zeichen sind besonders wichtig.

✓ Sollte den inhaltlichen Schwerpunkt des Dokuments mit ausgewählten Keywords wiedergeben.

✓ Sprechen Sie den Leser möglichst direkt an und fordern Sie ihn auf, Ihre Seite anzuklicken.

Der Textkörper (Body) des Dokuments

Unter Body wird der gesamte Teil eines HTML-Dokuments mit Ausnahme des Kopfteils verstanden. Gemeinhin beinhaltet der Body den im Browserfenster sichtbaren Teil des Dokuments.

Die ersten 200 bis 300 Zeichen lesbarer Text im Body-Teil der Seite werden von einigen Suchmaschinen besonders hoch gewichtet. Achten Sie deshalb bei der Erstellung der Seiten darauf, dass der Textteil am Bodyanfang besonders aussagekräftig und mit wichtigen Schlüsselwörtern versehen ist.

Suchbegriffe in Überschriften (Heading-Tags)

Ausgewählte Suchbegriffe in Überschriften (Headings) sind für die Optimierung von großer Bedeutung. Zwar dürfte der H1-Tag bei der Auswertung durch Google an Bedeutung verloren haben. Die anderen Heading-Formatierungen wie H2, H3 oder H4 werden nach wie vor zur Relevanzbewertung herangezogen.

Keywords im ALT-Attribut des Image-Tags

Das Attribut ALT im Image-Tag wird verwendet, um eine kleine Menge Text anstelle des Bildes für rein textorientierte Browser zur Verfügung zu stellen. Angezeigt werden vorhandene Bildbeschreibungen in einer kleinen, hellgelben Box, wenn Sie mit dem Mauszeiger auf das Bild in der Webseite zeigen.

Ebenfalls von Bedeutung ist der umliegende Text des Bildes. Die Erläuterungen zum Bild werden von einigen Suchmaschinen für das Ergebnisranking ausgewertet.

Keywords in Links verwenden

Suchmaschinen bewerten Keywords, die im beschreibenden Text einer Verknüpfung enthalten sind, höher als normalen Text.

■ **Beispiel:** Keywords im Link auf eine Seite

Angenommen, Sie wollen auf eine Seite innerhalb Ihrer Website mit Angeboten für Digitalkameras verlinken.

Variante 1:

Aus unserem Angebot: Digitalkamera zum Bestpreis. Klicken Sie hier.

Variante 2:

Aus unserem Angebot: Digitalkamera zum Bestpreis

Aus Sicht der Suchmaschinen-Optimierung ist eindeutig Variante 2 die sinnvollere. Sie pusht nicht nur die Stichworte „Digitalkamera bzw. Bestpreis", sondern wertet auch die damit verbundene Seite zusätzlich auf.

Vor allem bei internen Links, aber auch bei Links zu externen Seiten mit gleichem Thema kann mit gezieltem Einsatz von Keywords in Linkbezeichnungen eine Steigerung des Seitenrankings erreicht werden.

Die richtige Keyword Density finden

Neben der absoluten Häufigkeit (Keyword Frequency) der Keywords im Dokument ist die Keyword-Dichte (Keyword Density) ein wesentlicher Faktor bei der Bewertung einzelner Seiten durch Suchmaschinen.

Suchmaschinen berechnen Keyword-Dichten für das gesamte Dokument und einzelne Bereiche, unter anderen Titel, Link-Text oder Überschriften, und bewerten die berechneten Kennzahlen unterschiedlich fürs Ranking.

Keyword Results for: digitalkamera WebSite	All Text				Page Elements						
	PR	words	repeats	rdensity	Title	Link	Alt	Kw	Desc	Bold	HTags
1. digitalkamera de Das Online Magazin zur Digitalfotografie http://www.digitalkamera.de/	6	2528	27	1.07%	1 (14.3%)	7 (2.0%)	8 (3.7%)	1 (4.3%)	1 (4.2%)	8 (6.1%)	0 (0.0%)
2. DIGITALKAMERA kaufen Online Shop Preisvergleich billig bester Preis Test Digitalkameras http://www.pixmania.com/de/de/foto/digitalkamera/1/1/categorie.html	6	702	13	1.85%	1 (10.0%)	9 (3.3%)	0 (0.0%)	1 (12.5%)	1 (5.3%)	0 (0.0%)	1 (100.0%)
3. Digitalkamera Kauf Checkliste bei HIFI REGLER Test Kriterien Digitalkamera http://www.hifi-regler.de/Digitalkamera/digitalkamera.php	4	4808	120	2.50%	2 (22.2%)	24 (4.7%)	9 (14.3%)	1 (25.0%)	2 (12.5%)	1 (0.7%)	1 (20.0%)
4. WebCam Digitalkamera Webcams Digicams Stative Kamerazubeh r Analog Kameras Digital Kameras http://www.pearl.de/WebCam_Digitalkamera.html	7	1463	11	0.75%	1 (9.1%)	4 (4.0%)	1 (4.1%)	2 (1.2%)	1 (33.3%)	4 (1.5%)	1 (8.3%)
5. Digitalkamera Test und Preisvergleich http://www.dooyoo.de/digitalkamera/	7	725	30	4.14%	1 (25.0%)	4 (4.0%)	1 (4.0%)	1 (25.0%)	1 (14.3%)	2 (3.6%)	1 (100.0%)
6. Digitalkamera Vergleich Digitalkameras von Canon Nikon Sony im Preisvergleich http://www.kelkoo.de/b/a/c_124901_digitalkamera.html	7	1434	30	2.09%	1 (11.1%)	25 (5.5%)	25 (15.0%)	1 (3.8%)	1 (4.8%)	0 (0.0%)	2 (50.0%)
7. Digitaler Fotoapparat Wikipedia http://de.wikipedia.org/wiki/Digitalkamera	5	3735	14	0.37%	0 (0.0%)	2 (0.4%)	0 (0.0%)	0 (0.0%)	0 (0.0%)	2 (7.7%)	0 (0.0%)
8. Digitalkamera Preisvergleich Digitalkameras Preise bei idealo de http://www.idealo.de/preisvergleich/ProductCategory/1262.html	6	1256	34	2.71%	1 (14.3%)	0 (0.0%)	0 (0.0%)	1 (3.0%)	1 (5.6%)	0 (0.0%)	1 (100.0%)
9. digitalkamerakreis de Digitalkamera Digitalkameras Fotografie Digicam Digicams Fotolexikon Norbert Hofmann http://www.digitalkamerakreis.de/	5	1772	9	0.51%	1 (10.0%)	4 (0.9%)	0 (0.0%)	1 (1.4%)	0 (0.0%)	2 (0.9%)	0 (0.0%)
10. DigiCam Fotos Digitalkamera News Infos Testfotos Preisvergleich Digicam http://www.digicamfotos.de/	4	403	14	3.47%	1 (12.5%)	9 (6.5%)	0 (0.0%)	1 (2.9%)	1 (3.1%)	9 (6.5%)	0 (0.0%)

Quelle: http://www.gorank.com

Abbildung 13: Keyword-Dichte für den Suchbegriff „Digitalkamera" der deutschsprachigen TOP-10-Websites in Google

Wie die Auswertung in Abbildung 14 zeigt, liegt die Keyword-Dichte für den Suchbegriff „Digitalkamera" bei den Top-Adressen zwischen 0,51 und 4,14 Prozent. Die topgereihten Webseiten beinhalten zwischen 403 und 4 808 einzelne Wörter und überwiegend den Suchbegriff in der Domainbezeichnung und anderen, ähnlich wichtigen Optimierungsbereichen.

Eine Untersuchung der Top-10-Resultate bei Google für mehr als 2 000 Suchbegriffe brachte folgende Ergebnisse für den Einsatz von Keywords in unterschiedlichen Seitenelementen:[6]

* Die durchschnittliche Textmenge der bestgereihten Seiten lag bei 893 Wörtern.

* Suchbegriffe werden etwa fünfmal wiederholt und haben eine Keyword-Dichte von 2,1 Prozent bezogen auf den gesamten Text.

* Seiten mit einer Keyword-Dichte von über 5 Prozent für einen bestimmten Suchbegriff waren unter den Top-10-Resultaten kaum zu finden.

* 37 Prozent der untersuchten URLs enthielten den Suchbegriff in den Domain- oder Verzeichnisnamen.

* Der Titel des Dokuments bestand aus maximal sieben Begriffen.

Tipp: Adressen für die Keyword-Density-Analyse

www.gorank.com ... Detailanalyse mit weiteren Tools für die Suchmaschinen-Optimierung.

www.ranks.nl ... Analysiert ausführlich die Dichte, Prominenz und Platzierung der Keywords in einem Dokument.

www.abakus-internet-marketing.de ... Ausgezeichnete Online-Tools für eine umfangreiche Analyse von Keywords.

Texte suchmaschinenfreundlich gestalten

Suchmaschinen wollen ihren Benutzern möglichst interessante und relevante Inhalte liefern. Wie im Kapitel über die Funktionsweise von Suchmaschinen gesehen, werden dazu Seitentexte analysiert und hinsichtlich der Präsenz von Stichworten bewertet.

Bei der Seitenanalyse konzentrieren sich Suchmaschinen auch auf unterschiedliche Gestaltungsweisen und Formatierungsmerkmale der Keywords wie Kapitelüberschriften und Zeichenformatierungen.

Gliedern Sie Ihre Texte mittels Überschriften

Überschriften dienen zur Textgliederung und enthalten im Idealfall eine kurze und informative Beschreibung des nachfolgenden Textabschnitts. Überschriften werden deshalb von Suchmaschinen höher bewertet als normaler Text. In HTML werden Überschriften durch Heading Tags gekennzeichnet.

Für die Formatierung von Überschriften sind in HTML sechs Ebenen (H1 bis H6) vorgesehen, wobei H1 die oberste und wichtigste Formatierung darstellt. Gliedern Sie Ihre Texte mit Überschriften und nutzen Sie dazu die von Suchmaschinen meistens ausgewerteten Heading Tags von H1 bis H3.

Formatieren Sie Keywords im Text extra

Auch der Fließtext eines Dokuments bietet Ihnen zahlreiche Möglichkeiten für die Optimierung der Webseite. Binden Sie in den Fließtext gezielt ausgewählte Stichworte ein und heben Sie diese mit speziellen Formatierungsmerkmalen hervor. Die Hervorhebungen erhöhen nicht nur die Lesbarkeit der Seite für den menschlichen Besucher, sondern liefern auch den Suchmaschinen wichtige Anhaltspunkte für die Textanalyse.

In HTML stehen für die Textformatierung unter anderem folgende Tags zur Verfügung:

* <strong> oder <b>: Fettschrift (Bold)

* <i>: Kursivschrift (Italic)

* <em>: Texthervorhebung (Emphasized)

* <u>: Textunterstreichung (Underline)

Cascading Style Sheets (CSS)

Die Formatvorlagen dienen dazu, die Möglichkeiten des Designers beim Bildschirmsatz über HTML-eigene Layoutstandards hinaus zu erweitern. Cascading Style Sheets werden entweder direkt auf der Webseite definiert oder über eine eigene Vorlagendatei (Template) eingebunden. Grundsätzlich ist für die Suchmaschinen-Optimierung eine ausgelagerte Style-Sheet-Datei zu bevorzugen.

Bei der Formatierung von Texten bieten CSS attraktive Möglichkeiten zur Seitenoptimierung. Die Original Heading Tags von HTML – H1 bis H6 – haben fürs Ranking eine hohe Gewichtung, sind jedoch im typografischen Erscheinungsbild, wie dem Zeilendurchschuss, kaum gestaltbar. Aus diesem Grund verzichten Webdesigner meist gänzlich auf den Einsatz von mit Heading Tags formatierten Überschriften und verschenken dabei wirksame Möglichkeiten zur Suchmaschinen-Optimierung. Über entsprechende CCS-Definitionen können die Heading-Tags nahezu beliebig formatiert werden, so dass sie ihre Wirkung für Suchmaschinen voll entfalten.

Vorsicht ist geboten bei Tricks mit CSS. Einige findige Optimierer benutzen Style-Sheet-Definitionen, um Suchbegriffe in für Benutzer unsichtbare Bereiche zu verlagern. Diese Stichwörter sollen von Suchmaschinen indiziert werden und Keyword-Kennzahlen für das Ranking erhöhen. Es ist damit zu rechnen, dass Suchmaschinen spezielle Auswertungsmethoden entwickeln, die dieser Methode entgegensteuern und entsprechende Seiten wegen Keyword Spamming bestrafen werden.

4. Die Architektur der Website optimieren

Neben der Aufbereitung der HTML-Seite kommt der optimalen Planung und Umsetzung der Sitearchitektur eine zentrale Rolle bei der Suchmaschinen-Optimierung zu.

Folgende Bereiche sind besonders wichtig:

* Bezeichnung von Domain, Verzeichnissen und Dateien,
* Sitestruktur richtig nutzen,
* Seitenlayout mit Frames, Tabellen oder CSS,
* Sitenavigation und externe Links.

Domain, Verzeichnisse und Dateien bezeichnen

Webseiten werden über eine eindeutige Adresse (Uniform Resource Locator, kurz URL) aufgerufen. Diese besteht aus dem Domain-, Verzeichnis- und Dateinamen der aufgerufenen Seite.

■ **Beispiel:** Eindeutige Internetadresse mittels URL

www.domainname.de/verzeichnisname/dateiname.htm

Für die Platzierung von Keywords stehen also die Bezeichnung der Domain, des Verzeichnisses (Unterverzeichnisses) und der Datei zur Verfügung.

Domainbezeichnung

Ein Keyword in der Domainbezeichnung ist aus Sicht der Suchmaschinen-Optimierung pures Gold wert. Vieles deutet darauf hin, dass Suchmaschinen die in der Domain enthaltenen Begriffe besonders hoch bewerten.

■ Beispiel: Domainbezeichnung für Suchmaschinen

> Bleiben wir bei den Digitalkameras. Eine passende Domain wäre beispielsweise digitalkamera-online.de, die den Suchbegriff in der Domainbezeichnung beinhaltet.
>
> Vorsicht! Die Domain digitalkameraonline.de ist für Suchmaschinen nicht optimal.

Einige findige Suchmaschinen-Optimierer haben in der Vergangenheit möglichst viele attraktive Keyword-Kombinationen als Domains registrieren lassen und Besucher über Umleitungen auf ihre Webseiten gelockt. Diesem Treiben hat insbesondere Google einen Riegel vorgeschoben. Derartige Seiten werden als „Duplicate Content" eingestuft und bestraft.

Die Zuteilung und Verwaltung einer Domain in den deutschsprachigen Märkten erfolgt durch die jeweilige nationale Domainregistrierungsstelle.

Im deutschsprachigen Bereich sind dies:

* DENIC eG (www.denic.de) für Deutschland,
* NIC.at (www.nic.at) für Österreich,
* SWITCH (www.switch.ch) für die Schweiz und Liechtenstein.

Die Registrierungsstellen bieten meist online eine Abfragemöglichkeit an, mit der Sie feststellen können, ob eine gewünschte Domain noch verfügbar ist.

Darüber hinaus können Sie Domains über Provider, Webagenturen und andere Internetdienstleister bestellen. Achten Sie bei Eintragungen durch Drittanbieter unbedingt darauf, dass Sie als rechtlicher Inhaber der Domain eingetragen werden. Das erspart Ihnen im Fall von Streitigkeiten einiges an Unannehmlichkeiten.

Checkliste: Suchmaschinenfreundliche Domains

✓ Können Sie strategisch wichtige Keywords (maximal drei) in Ihre Domain übernehmen?

✓ Können Sie das wichtigste Keyword ganz vorne platzieren?

✓ Haben Sie mehrere Keywords durch Bindestriche (-) getrennt?

✓ Haben Sie Zusammenschreibungen, wie digitalkameraonline.de statt digitalkamera-online.de, vermieden?

Nicht immer ist es möglich, Keywords in die Domain zu übernehmen. Die meisten Unternehmen verwenden aus Gründen des Brandings ausschließlich Firmen- oder Markennamen in ihrer Domain.

In diesem Fall nutzen Sie einfach entsprechende Verzeichnis- oder Dateinamen für Keyword-Platzierungen.

Suchmaschinenfreundliche Verzeichnis- und Dateinamen

Grundsätzlich ist es empfehlenswert, die Webinhalte (wie Bilder oder Dateien) unterschiedlicher Themenbereiche einer Website, wie Firmeninfos, Sortiment usw., in eigene Verzeichnisse zu speichern.

Nur zu oft werden bei der Namensgebung von Dateien und Verzeichnissen vom Entwickler wertvolle Möglichkeiten zur Platzierung von Keywords außer Acht gelassen. Es dominieren Abkürzungen oder Allgemeinbegriffe, die für die Seitenoptimierung wertlos sind.

Eine Abfrage bei Google (allinurl: suchbegriff) liefert beispielsweise für den allgemeinen Suchbegriff „sortiment" über 360 000 Webadressen. Die angezeigten Firmen offerieren unter anderem Künstlerbücher, Unterhaltungsspiele oder pflanzliche Arzneimittel. Bei einer produktbezogenen Suchabfrage sind diese Seiten mit ihrem Angebot garantiert nicht vorne gelistet.

■ **Beispiel:** Suchmaschinenfreundliche Verzeichnis- und Dateinamen

> Viel besser als
>
> www.firmenname.de/sortiment/sortiment.htm
>
> ist die mit Keywords optimal aufbereitete Adresse
>
> www.firmenname.de/digitalkameras/spiegelreflex-digitalkameras.htm

Vorsicht, übertreiben Sie diese Methode nicht, und achten Sie auf eine flache Struktur Ihrer Website. Spider durchsuchen selten mehr als zwei bis drei Verzeichnisebenen einer Website, und häufige Wiederholung desselben Begriffs könnte als unerlaubtes Spamming bewertet werden und das Ranking der Seite verschlechtern.

Checkliste: Verzeichnis- und Dateinamen

✓ Haben Sie strategisch wichtige Keywords in die Verzeichnis- und Dateinamen Ihrer Webseiten integriert?

✓ Stehen dabei die wichtigsten Begriffe ganz vorne?

✓ Sind zusammengesetzte Begriffe durch Bindestriche (-) getrennt?

✓ Ist Ihre Verzeichnisstruktur maximal drei Ebenen tief?

Seitenlayout mit Frames, Tabellen und CSS

Idealerweise sollten Aspekte der suchmaschinenfreundlichen Gestaltung von Webseiten schon bei der Layoutkonzeption einfließen.

Das Layout von Webseiten wird üblicherweise mit Frames, Tabellen oder Cascading Style Sheets gestaltet. Beim Einsatz dieser Layoutmittel sind einige wichtige Punkte für eine möglichst optimale Vorbereitung der Seiten für Indexierung durch Suchmaschinen-Robots zu beachten.

Suchmaschinenfreundliches Seitenlayout mittels Frames

Der bei Webdesignern zeitweise sehr beliebte Einsatz von Frames als Layouthilfe für die Bildschirmdarstellung der Webseiten kann für Spider zum Problem werden.

Obwohl heute – im Gegensatz zu früheren – immer mehr Bots auch frame-basierte Webseiten richtig auslesen, besteht die Gefahr, dass im Frameset definierte Inhalts- und Navigationsseiten nicht indiziert werden. Der Spider analysiert zwar die Seite mit dem Frameset, findet dabei jedoch keinen verwertbaren Text und stuft den Inhalt als unwichtig ein.[7]

Eine gespiderte Seite steht für sich alleine und bietet im schlimmsten Fall dem interessierten Benutzer keine Informationen über Herkunft des Angebots und Kontaktmöglichkeiten. Deshalb sollten Sie darauf achten, dass entsprechende Seiten immer eine Verlinkung zur Homepage und firmenspezifische Kontaktinformationen beinhalten.

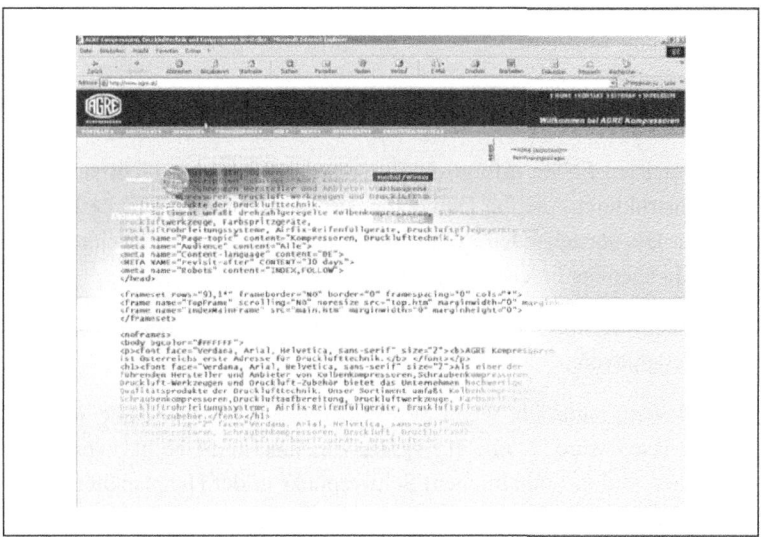

Quelle: http://www.agre.at– Quellcode der Startseite

Abbildung 14: Suchmaschinenfreundlicher NOFRAME-Bereich in einer framebasierten Website

Eine Lösung des Problems liefert der meist nicht genutzte NOFRAME-Bereich der Framesetdefinition. Dieser ermöglicht bei der Seitenproduktion die Unterbringung von suchmaschinenfreundlichem Text mit Keywords und Verlinkungen auf wichtige Inhaltsseiten.

Die richtige Nutzung von Frames zeigt Abbildung 14. Obwohl die Seite mit Frames erstellt wurde, bietet der Inhalt des NOFRAME-Bereichs des Suchmaschinenbots genügend Informationen zu einer sinnvollen Indexierung der Webseite.

Wenn Frames für das Seitenlayout verwendet werden, sollten Sie folgende Punkte überprüfen.

Checkliste: Suchmaschinenfreundlicher Einsatz von Frames

✓ Definieren Sie im NOFRAME-Bereich der Seite einen individuellen, auf Suchmaschinen abgestimmten Text.

✓ Ermöglichen Sie dem Spider über interne Verknüpfungen die Weiterverfolgung von zentralen Webseiten Ihres Angebots.

Suchmaschinenfreundliches Seitenlayout mittels Tabellen

In den meisten Fällen erfolgt das Layout der Seite über nicht sichtbare Tabellenstrukturen, die die Darstellungsfläche in Spalten und Zeilen unterteilen. Die entstehenden Zellen bieten dem Designer eine weitgehende Kontrolle über das Erscheinungsbild der Webseite.

In der nachfolgenden Abbildung 15 finden Sie ein typisches zweispaltiges Tabellenlayout.

Optimal wäre natürlich, wenn der Spider den Inhalt der Seite wie ein Mensch lesen würde. Zeile für Zeile, von links nach rechts, von oben nach unten und mit inhaltlichem Schwerpunkt in der Hauptspalte. Tut er aber nicht. Er liest den Quellcode nämlich reihenweise, von oben nach unten und von links nach rechts. Anstelle der optimierten Firmen- und Produktinformationen findet er zuerst einmal nur Programm- und Navigationselemente. Der für den Leser wichtige Text in der Hauptspalte ist aus Sicht des Spiders nachrangig.

Seitenspalte	Hauptspalte
beinhaltet z. B. Navigationselemente, Buttons zur Navigation, nicht sichtbare HTML-Kommentare, Javascript oder CSS-Definitionen usw.	• mit wichtigen Firmen-, Produkt- und Serviceinformationen • viele Keywords, von Ihnen optimal für Suchmaschinen aufbereitet • strategisch platzierte Links auf weitere, wichtige Webseiten Ihres Angebots usw.

Abbildung 15: Seitenlayout mittels Tabellen

Und wenn Sie keinen META-Tag Description definiert haben, dann verwenden Suchmaschinen, wie MSN, auch noch genau diesen Text zur Beschreibung Ihrer Seite. Das tut dann wirklich weh.

Wenn Tabellen für das Seitenlayout verwendet werden, sollten Sie folgende Punkte überprüfen.

Checkliste: Suchmaschinenfreundlicher Einsatz von Tabellen

✓ Gestalten Sie Ihre Tabellenstruktur so, dass in der ersten, vom Spider erfassten Tabellenzelle Ihre wichtigsten Keywords enthalten sind.

✓ Achten Sie bei verschachtelten Tabellenstrukturen darauf, dass Spider die Tabellen immer von außen nach innen lesen, d. h., der Inhalt in einer inneren Tabelle wird erst nach dem Text der äußeren Tabellenzellen gelesen.

Sitenavigation – interne und externe Links

Neben den Keywords spielt die Sitenavigation – interne und externe Verknüpfung einzelner Seiten bzw. Textbereiche – eine zentrale Rolle bei der Suchmaschinen-Optimierung.

Der gezielte Einsatz von Links beeinflusst die

* Erreichbarkeit der Seiten durch den Crawler (Sitenavigation),

* Gewichtung einzelner Begriffe und Seiten, durch die gezielte Verwendung von Keywords in Links zu eigenen Seiten (interne Links),

* Wertigkeit der eigenen Webseite, durch den gezielten Einsatz von Links zu anderen Websites mit hohem PageRank (externe Links).

Sitenavigation und interne Verlinkung

Wenn ein Spider möglichst viele Bereiche Ihrer Website, z. B. Produktinformationen oder Shoppingseiten, indizieren soll, dann ist es wichtig, dass Ihre Webseiten komplett untereinander verlinkt sind. Wie bereits beschrieben, analysieren Suchmaschinen die Bezeichnung der Verknüpfungen (Links) innerhalb einer Seite, bewerten deren Übereinstimmung mit den Suchbegriffen und verfolgen diese zur weiteren Indexierung der Website.

Zudem sollten bei der Auswertung der Links keine Fehler auftreten. Dies bedeutet, dass Suchmaschinen keine weiteren Links zur Verfolgung vorfinden und damit nur die Startseite registriert wird. Dies hat wiederum Bedeutung für die Bewertung der Seite bzw. der Website.

Die Verwendung von Textlinks – mit Cascading Style Sheets auch optisch ansprechend und bedienungsfreundlich zu realisieren – ist aus Suchmaschinensicht optimaler als der Einsatz von grafikbasierten Links oder scriptgesteuerten Navigationsleisten, da diese dem Spiderbot in der Regel keine auswertbaren Textteile bieten, in denen Sie Keywords platzieren können.

Falls Sie dennoch Grafiken für eine optisch ansprechende Sitenavigation verwenden wollen, definieren Sie unbedingt das ALT IMAGE-Attribut und fügen dort passende Schlüsselbegriffe ein. Bei einer Imagemap für die Hauptnavigation Ihrer Seite sind Sie gut beraten, wenn Sie zusätzlich noch eine Navigation mit Textlinks einfügen.

Checkliste: Sitenavigation und interne Verlinkung

✓ Setzen Sie alternative, textbasierte Navigationselemente zu den wichtigsten Themenbereichen ein.

✓ Versehen Sie grafikbasierte Navigationselemente (Buttons) mit keywordgespickten IMAGE Alt-Attributen.

✓ Ergänzen Sie dynamische Navigationselemente mit zusätzlichen statischen Linkdefinitionen für die wichtigsten Siteelemente.

Externe Links optimal einsetzen

Externe Links dienen dazu, Ihre Seiteninhalte mit weiterführenden oder ergänzenden Webseiten zu verknüpfen und damit für den Benutzer einen Mehrwert zu schaffen.

Typische Einsatzbereiche wären:

✤ Link zur Homepage von Tochterunternehmen oder Geschäftspartnern

✤ Verknüpfung zu themenspezifischen Webportalen

✤ Einbindung von externen Informationsquellen

✤ Teilnahme an Werbeprogrammen oder Affiliate-Programmen

Insbesondere Google bezieht die Gestaltung externer Links in das Ranking von Webseiten ein. Dabei sollten Sie besonderen Wert auf die Qualität der externen Seiten legen. Je höher der PageRank der externen Seite – PageRank 4 ist Minimum – ist, desto besser ist es für das Ranking Ihrer Seite.

Google empfiehlt eine Beschränkung der auf einer Seite vorhandenen Links auf ein vernünftiges Maß (weniger als 100).

Checkliste: Externe Links

✓ Haben externe Seiten einen PageRank von mindestens 4?

✓ Stehen im Linktext wichtige Keywords?

✓ Ist der angesprochene Link noch aktiv?

Sitestruktur richtig nutzen

Websites sind meist wie ein auf dem Kopf stehender Baum organisiert. Über eine zentrale Einstiegsseite, die Homepage, gelangt der Besucher über die Sitenavigation zu immer mehr Seiten mit immer detaillierteren Inhalten. Mit jedem Klick dringt der Besucher tiefer in die Website ein.

Wenn Sie Ihre Webseite bei einer Suchmaschine zur Registrierung angemeldet haben, dann wird diese über kurz oder lang von einem Spider besucht und indexiert. Zusätzlich zu den Keywords werten Suchmaschinen auch die auf der Seite vorhandenen internen und externen Verknüpfungen aus.

Die gefundenen Adressen werden von der Suchmaschine gespeichert und gegebenenfalls zu einem späteren Zeitpunkt besucht. Die meisten Suchmaschinen beschränken die Anzahl der innerhalb einer Domain weiterverfolgten Links auf drei Ebenen, d. h., alle Seiten, die nicht innerhalb von drei Klicks von der Homepage erreichbar sind, laufen Gefahr, nicht indexiert zu werden.

Subsites bilden und anmelden

Bei umfangreicheren Inhalten bietet sich die Bildung von Subsites an. Als Subsites werden in sich verlinkte Seiten eines Themenbereichs gesehen.

Beispiel: Optimaler Einsatz von Subsites für bessere Suchmaschinen-Sichtbarkeit

Ein Online-Kamerashop bietet umfangreiche Informationen zu einzelnen Modellen des Sortiments.

Diese Informationen sind von der Einstiegseite über maximal drei Klicks einfach zu erreichen.

Homepage >> Digitalkameras >> Spiegelreflexkameras mit Wechselobjektiven

Die Subsite kann mit eigener Domain versehen oder bei Suchmaschinen direkt angemeldet werden.

Site Maps

Eine eigene Site Map erleichtert den Spiderbots das Indexieren der Seiteninhalte. Der Text der einzelnen Links sollte möglichst viele Keywords beinhalten und den verknüpften Seiteninhalt anschaulich beschreiben.

Alle Einträge in die Site Map sind per Textlink mit den jeweiligen Seiten des Angebots verknüpft. Einen Link zu Ihrer Site Map sollten Sie im Fußbereich einer jeden Webseite Ihres Angebotes einrichten.

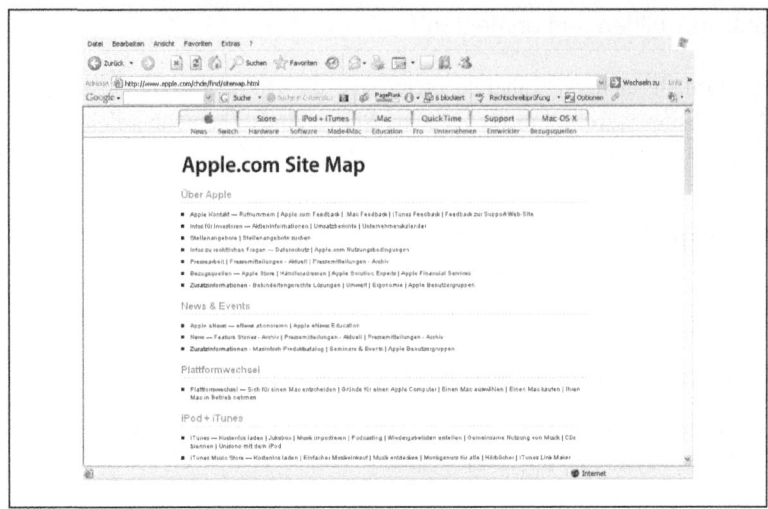

Quelle: http://www.apple.com/chde/sitemap/ (Stand: Dezember 2009)

Abbildung 16: Site Map von Apple Deutschland

Apple Deutschland macht es richtig und verwendet eine Site Map mit einer Vielzahl von internen Links, die Benutzern und Spiderbots einen direkten Zugang zu einzelnen Seiten des Angebots ermöglichen.

Eine Webseite mit einer Site Map sollte jedoch nicht mehr als 100 Links beinhalten. Ansonsten besteht die Gefahr, dass die Seite als Spam eingestuft und überhaupt nicht indexiert wird. Google empfiehlt für umfangreichere Websites eine Aufsplittung der Site Map auf mehrere einzelne Seiten.

5. Suchmaschinen-Präsenz weiter verbessern

Neben relevanten Keywords in suchmaschinenfreundlich gestalteten Seiten ist deren Linkpopularität, insbesondere der PageRank von Google, ein wichtiges Gütekriterium für ein erfolgreiches Suchmaschinen-Marketing.

Alle Methoden der Berechnung von Kennzahlen für die Link-Popularität haben mit Verlinkungen zu tun. Genauer gesagt, mit der Anzahl von Verknüpfungen, die von anderen Webseiten auf Ihre Seiten verweisen. Suchmaschinen bewerten auch, woher ein Link kommt. So zählt ein Link einer populären Seite mehr als ein Link der privaten Website von Herrn Mustermann.

Kurz gesagt, je mehr prominente Links auf eine Webseite zeigen, desto höher ist ihr Status bei Suchmaschinen und umso interessanter ist Ihre Website.

Link-Popularität und PageRank erhöhen

Wenn die Link-Popularität für das Ranking in Suchmaschinen so wichtig ist, wie können Sie diese Kennzahl für Ihre eigenen Webseiten feststellen? Sie können die Anzahl der auf Ihre Domain verweisenden Internetseiten bei den meisten Suchmaschinen mittels einer speziellen Suchabfrage ausforschen.

■ Beispiel: Überprüfung der Link-Popularität (Google)

Der Befehl link: gemeinsam mit Ihrer Domain im Suchfeld von Google eingegeben liefert Ihnen als Ergebnis eine vollständige Liste von URLs, die auf Ihre Domain verweisen.

link:microsoft.de

Im Falle von Microsoft Deutschland sind dies 1 570 deutschsprachige Seiten.[8]

Wie im obigen Beispiel gezeigt, verweisen über 1 500 deutschsprachige Internetadressen auf unter der Domain microsoft.de publizierte Webseiten.

Im Vergleich dazu liefert eine Abfrage in Google auf die Link-Popularität der beliebten Online-Community Facebook über hunderttausend Verweise auf den entsprechenden URL.

Link-Popularität erhöhen

Wie lässt sich nun die Link-Popularität für die eigenen Seiten erhöhen? Zur Erhöhung der Link-Popularität bieten sich eine Reihe von Erfolg versprechenden Maßnahmen an:

✦ Links von großen Web-Verzeichnissen wie dem Open Directory (dmoz.de) oder Yahoo steigern die Link-Popularität Ihrer Seiten.

✦ Links von populären Blogs, deren Inhalte zu Ihrer Website passen, werden von immer mehr Suchmaschinen als Aufwertung verstanden.

✦ Die Nutzung von RSS-Feeds, die in Kurzform Ihre wichtigsten Seiteninhalte und neueste Informationen präsentieren, erhöht ebenfalls Ihre Link-Popularität.

✦ Last, but not least. Tauschen Sie Links mit Ihren Kunden, Lieferanten oder anderen Geschäftspartnern und profitieren Sie gemeinsam von einer zunehmenden Link-Popularität.

Bei all den genannten Maßnahmen sollten Sie darauf achten, dass Sie Links von qualitativ hochwertigen Seiten erhalten.

Verschwenden Sie Ihre Zeit jedoch nicht mit obskuren Linklisten oder Link-for-Link-Programmen. Suchmaschinen führen regelrecht Schwarze Listen für diese und bestrafen solcher Art promotete Websites aufs Härteste.

PageRank von Google

Für Google zählt nicht nur die Anzahl von Links auf Ihre Seite, sondern auch deren Qualität. Gemessen wird diese mit dem berühmt-berüchtigten PageRank.

Google verwendet die eigene PageRank-Technologie, um die „gesamte Linkstruktur des Internets zu analysieren und herauszufinden, welche Seiten die wichtigsten sind". Die Berechnung der Wichtigkeit einer Seite berücksichtigt 500 Millionen Variablen und über 2 Milliarden Begriffe.

Dabei werden jedoch nicht die direkten Links auf eine Seite gezählt, sondern der Link von einer fremden Seite auf Ihre Seite wird als „Votum" registriert. Je mehr Stimmen eine Seite erhält, desto höher ist ihr PageRank. Bewertet wird nicht nur die Anzahl der Stimmen, sondern auch die Qualität der Voten für Ihre Seiten. Webseiten mit hohem Page-Rank haben dabei ein höheres Stimmgewicht und sind aus Sicht von Google wertvollere Testimonials.

Die Qualität kann auf drei wesentlichen Wegen gemessen werden:

* Ist die Seite, die auf Ihre Seite linkt, thematisch mit Ihrer gleich und nutzt sie die gleichen Schlüsselbegriffe?

* Wie populär ist die Seite, die auf Ihre Seite linkt (wie viele eingehende Links hat diese Seite)?

* Wie hoch ist der PageRank dieser Seite?

So messen Sie Ihren PageRank

Am einfachsten messen Sie den PageRank Ihrer Website mit der Google Toolbar. Google stellt das kleine, nützliche Werkzeug unter der Adresse http://toolbar.google.com/intl/de/ kostenlos zum Download bereit. Neben der PageRank-Anzeige enthält das Tool auch noch eine Rechtschreibprüfung, Übersetzungshilfe und einen Pop-up-Blocker.

Checkliste: Google PageRank

✓ Welche qualitativ hochwertigen Seiten haben Links auf meine Domain?

✓ Passen die Seiten thematisch zu unserem Angebot?

✓ Haben die Links unsere Keywords im Linktext?

Die Nutzung von Blogs und Foren

Blogs sind in den letzten Jahren immer populärer geworden. Seitdem die Dienste auch von Suchmaschinen indexiert werden, ist ihre Bedeutung für das Suchmaschinen-Marketing enorm gestiegen.

Interessante Blogs werden von privaten oder kommerziellen Benutzern mit Inhalten versehen und meist täglich aktualisiert. Aus Sicht der Suchmaschinen sind Blogs ein optimales Medium. Sie bieten aktuellen Content zu einem Thema und binden ihre Leser- und Autorenschaft in einer Community.

Google hat 2005 den Marktführer blogger.com gekauft und bietet dessen Dienste nun kostenlos interessierten Benutzern an. Diese richten eigene Themenblogs ein, die wiederum von Google indexiert werden und den Datenbestand der Suchmaschine laufend erweitern. Wird nun in einem prominenten Themenblog ein Link zu einer Webadresse veröffentlicht, erhöht sich aus Sicht der Suchmaschine auch der themenspezifische Wert dieser Seite.

Konsequenterweise richten immer mehr Firmen eigene Blogangebote zu ihren Produkten und Dienstleistungen ein oder liefern relevante Informationen für populäre Blogs.

Spiderbots kontrollieren

Früher oder später werden Sie sich wünschen, die Indexierung Ihrer Seiten durch Suchmaschinen kontrollieren zu können. Ganz egal, ob Sie nur einen Teil Ihrer Website von Spidern durchforsten lassen wollen oder einzelnen Bots überhaupt den Zutritt verbieten wollen, das Mittel Ihrer Wahl ist die Datei robots.txt.

Einsatz der robots.txt-Datei

Die robots.txt-Datei ist eine einfache Text-Datei, mit der Sie den Robots, Spidern oder Crawlern mitteilen, welche Bereiche Ihrer Website nicht indiziert werden sollen.

Zusätzlich können Sie die Indexierung durch bestimmte Robots auch ablehnen. Allerdings bietet Ihnen die Datei keine Garantie dafür, dass sich einzelne Spider auch an die aufgestellten Regeln halten.

Die fertige Datei wird als robots.txt gespeichert und im Stammverzeichnis (Root) Ihrer Website abgelegt.

Besucht ein Spider Ihre Website, sucht er als erstes im Stammverzeichnis nach der Datei robots.txt, interpretiert diese und setzt erst dann seine Arbeit fort.

Aufpassen müssen Sie bei Einträgen, die für spezielle Bots bestimmt sind. Der Gogglebot liest beispielsweise nicht zuerst die für alle User Agents gültigen Einträge, sondern verarbeitet, falls vorhanden, nur die für ihn bestimmten. Das kann unter Umständen zu Problemen führen. Sie sollten also sicherheitshalber allgemeingültige Regeln bei botspezifischen Regeln wiederholen.

Beispiel: Optionen von robots.txt

Alle Robots ausschließen:
User-agent: *
Disallow: /

Alle Robots einladen: (Eine leere Datei bewirkt das gleiche)
User-agent: *
Disallow:

Alle Robots, die Indizierung bestimmter Verzeichnisse untersagen:
User-agent: *
Disallow: /Verzeichnis-1/
Disallow: /Verzeichnis-2/

Alle Robots, die Indizierung bestimmter Dateien untersagen:
User-agent: *
Disallow: /Verzeichnis-1/Datei-1.html
Disallow: /Verzeichnis-2/Datei-1.html

Einen bestimmten Robot ausschließen:
User-agent: Spider
Disallow: /
Spider ist der fiktive User-Agent einer Suchmaschine
Der Slash (/) zeigt an, dass alle Verzeichnisse tabu sind.

Einen bestimmten Robot einladen:
User-agent: googlebot
Disallow:

Sie können auch Kommentare einfügen:
Dies ist meine robot.txt.

6. Wo Sie beim Optimieren aufpassen sollten

Bei all Ihren Bemühungen zur Optimierung Ihrer Suchmaschinen-Marketing-Aktivitäten sollten Sie bei einigen Maßnahmen aufpassen beziehungsweise nicht übers Ziel hinausschießen.

Mehrere Domains für Ihre Website

Es ist durchaus üblich, dass Firmen für ihre Internetpräsenz mehrere Domains registrieren, deren Internetadressen alle auf die gleiche Website führen.

▨ **Beispiel:** Einsatz von Mehrfach-Domains

Ein in Österreich, in der Schweiz und in Deutschland tätiger Internetshop hat sich für die regionalen Märkte folgende Domains reserviert: super-shopper.at, super-shopper.ch und super-shopper.de, die alle auf den gleichen Online-Shop führen.

Ein Berliner Immobilienhändler hat sich für Online-Werbezecke neben der Firmendomain zusätzliche Domains wie mietwohnung-berlin.de registriert, die alle auf sein Immobilienportal verweisen.

In solchen Fällen kann es bei Suchmaschinen zu Problemen kommen. Beim Versuch, ihren Benutzern bestmögliche Resultate zu liefern, überprüfen die Anbieter laufend die Inhalte der gespiderten Internetadressen. Entdecken ihre Duplicate Content Filter gleiche Inhalte unter verschiedenen Domains, werden die betreffenden Seiten im Ranking der Suchmaschine herabgestuft.

Google zeigt dann nur noch eine der verwendeten Adressen im Ergebnislisting vollständig an – mit Titel, Kurzbeschreibung, URL, Dateigröße – und reduziert die Anzeige der anderen auf ein Minimum. Welche der Adressen vollständig angezeigt werden, lässt sich nicht kontrollieren, so dass Sie im schlimmsten Fall etwaige interne Verlinkungen verlieren und Ihre Rankingwerte zerstören.

Grundsätzlich ist der Einsatz von multiplen Domains zu überlegen. Es ist schwierig genug für eine Adresse, eine hohe Link-Popularität zu erzielen, da sollten Sie sich nicht mit mehreren verzetteln.

Wenn Sie es aber für unbedingt notwendig erachten, mehrere Domains gleichzeitig einzusetzen, dann sollten Sie eine Hauptdomain bestimmen und Seitenaufrufe von weiteren Domains serverseitig auf diese umleiten. Wichtig dabei ist, dass als Umleitungsmethode am Server ein Permanenter Server Redirect eingesetzt wird, nur dann bleiben Ihre Rankingwerte unangetastet.[9]

Checkliste: Multiple Domains richtig einsetzen

✓ Haben Sie eine Hauptdomain festgelegt?

✓ Verweisen alle anderen Domains per permanenten Redirect (Server Code 302) auf die Hauptdomain?

Content Management Systeme & Suchmaschinen

Zur Pflege und Wartung von Internetauftritten werden immer häufiger Content Management Systeme (CMS) eingesetzt. Sie erlauben Benutzern die einfache Aktualisierung und Erstellung von Seiteninhalten ohne direkten Zugriff auf den Quellcode der Seite.

Was für die inhaltliche Pflege der Seiten Vorteile bringt, kann im Zusammenspiel mit Suchmaschinen problematisch werden. Immer wieder klagen Betreiber von CMS-gepflegten Inhalten darüber, dass ihre Seiten von Suchmaschinenbots gar nicht oder nur teilweise indexiert werden.

Im Wesentlichen gibt es zwei Ursachen für diese durch die CMS verursachte Problematik:

❖ Query Strings – dynamisch generierte URLs beim Seitenaufruf.

❖ Session IDs – zur Identifikation und Verfolgung von Benutzerhandlungen.

Query Strings

Beim Seitenaufruf werden vom CMS meist dynamische URLs mit Sonderzeichen – wie ‚?', ‚Prozent' oder ‚&' – verwendet, die von Spidern zur Identifikation von dynamischen Inhalten genutzt werden.

▦ **Beispiel:** Dynamische URLs mit Sonderzeichen

> Der URL eines Immobilienmaklers mit Angeboten für den Raum München könnte lauten:
>
> http://www.makler.de?SID=07&LANG=DE&LOC=80000

Aus Sicherheitsgründen begrenzen Suchmaschinen wie Google den Umfang der indizierten dynamischen Seiten.

„Google ist in der Lage, dynamisch generierte Seiten zu indizieren. Da unsere Webcrawler jedoch Websites mit dynamischem Inhalt unter Umständen lahm legen und zum Absturz bringen, wurde der Umfang der indizierten dynamischen Seiten begrenzt.

Darüber hinaus können unsere Crawler möglicherweise davon ausgehen, dass ein URL mit vielen dynamischen Parametern mit einem anderen URL, der andere Parameter enthält, identisch ist. Aus diesem Grund empfehlen wir, wenn möglich, weniger Parameter zu verwenden. In der

Regel können URLs mit ein oder zwei Parametern leichter durchsucht werden als URLs mit vielen Parametern."[10]

Dynamisch generierte Seiten haben einen weiteren Nachteil. Sie beinhalten Parameter, wie LANG=DE, aber keine Verzeichnis- oder Dateinamen mit Keywords.

Den aufgezeigten Problemen können Sie aus dem Weg gehen, indem Sie ein CMS mit URL-Rewriting-Funktion einsetzen. Beim URL-Rewriting werden dynamische Adressen in einen statischen URL mit Verzeichnis- und Dateistruktur umgesetzt.

Beispiel: URL-Rewriting in Action

Aus dem dynamischen Adressteil unseres vorigen Beispiels

?SID=07&LANG=DE&LOC=80000

wird dann die suchmaschinenfreundlichere Adresse

/immobilien/muenchen/eigentumswohnung.htm.

Session-IDs

Viele Websites und Online-Shops nutzen Session-IDs, um einzelne Nutzer identifizieren und deren Surf- und Shoppingverhalten besser analysieren zu können. Eine gängige Methode ist das Schreiben der Session-ID in den URL der Seite.

Beispiel: Session-ID – SID – in der URL

http://www.domainname.com?SID=07&LANG=DE&LOC=80000

Mit der Session-ID können alle bei einem Webbesuch aufgerufenen Seiten einem Besucher zugeordnet werden. Aus Sicht des Marketings eine überaus nützliche Technik, um zielgruppenspezifische Angebote entwickeln zu können.

Für Suchmaschinen-Spider stellen die Session-IDs jedoch ein Problem dar. Bots, wie der Googlebot, wollen jede Webseite eindeutig identifizieren, um das mehrfache Indexieren derselben Seite zu vermeiden. Das funktioniert bei immer neuen Session-IDs für die gleiche Seite aber nicht. Somit wird Ihre Seite – schlimmstenfalls die gesamte Website – nicht indiziert.

Lösen können Sie das Problem durch das Deaktivieren der Session-IDs für Spider. Diese können beim Besuch der Website durch Ihre typische Kennung (User Agent: Googlebot/2.1) leicht erkannt werden. Ein entsprechendes Script in Ihrer Seite identifiziert den User Agent und schaltet bei Bedarf die Session-IDs aus. Schon kann die Seite problemlos indexiert werden.

Checkliste: Content Management System

✓ Verfügt Ihr CMS über URL-Rewriting-Funktionen?

✓ Verwenden Sie Keywords in den umgeschriebenen URL?

✓ Sind Session-IDs für Spiderbesuche deaktiviert?

Site Intro

Eine beliebte Fehlerquelle bei der Optimierung von Websites für Suchmaschinen sind aufwändig gestaltete Site Intros, die den Besucher in animierter, spot-ähnlicher Form über den Inhalt der Website informieren.

Sie sollen die Aufmerksamkeit des Benutzers auf sich lenken und bewirken meist das Gegenteil. Abgesehen davon, dass viele Internetsurfer flash-basierte Intros kategorisch ablehnen, bieten diese in der Regel für Suchmaschinen keine verwertbaren Textinhalte.

Auch wenn Google oder Yahoo mittlerweile in der Lage sein sollen, den Inhalt von Flashdateien auszulesen und zu indexieren, können diese Seiten nicht als suchmaschinenfreundlich angesehen werden.

Animierte Grafikmenüs

Ein ähnlich gelagertes Problem wie Site Intros produzieren grafische Navigationsmenüs. Beliebte Effekte wie das Verändern des Menüpunktes beim Überfahren mit der Maus (Mouse-Over) oder Einblenden von Submenüs sorgen durch den Einsatz von JavaScript oder versteckten Layern bei der Indexierung der Seiten für Schwierigkeiten.

Im schlimmsten Fall können die Bots die in den Bildern enthaltenen Informationen, wie Menübezeichnungen und Links, nicht auswerten. Es sieht so aus, als wäre die Seite gar nicht mit anderen verlinkt oder hätte keinen Inhalt.

Eine mögliche Lösung ist der Einsatz von textbasierten Menüs im Fußbereich der Seite oder anderer Navigationselemente, wie Breadcrumbs, die Verknüpfungen für den Spiderbot wieder sichtbar machen.

Vermeiden Sie Tricks

Manchmal ist man versucht, die eigene Suchmaschinen-Platzierung mittels Tricks zu verbessern. Der Einsatz dieser Tricks birgt immer die Gefahr, dass die eigene Seite von den Suchmaschinen gesperrt wird und aus dem Index fliegt. Wir raten deshalb vom Einsatz von manipulativen Techniken, wie Doorway Pages oder Cloaking, ab.

Versteckte Keywords auf der Seite

Die Versuchung ist groß. Um möglichst viele Keywords in einer entsprechenden Dichte auf einer Seite platzieren zu können, schreibt man diese in der Seitenhintergrundfarbe auf die Seite.

Bei dieser Keyword Stuffing genannten Methode ist der Text wegen der Farbübereinstimmung für den Benutzer nicht sichtbar, sollte aber vom Spiderbot problemlos erkannt werden. Wird er auch, aber intelligente Bots erkennen die Spamabsicht und disqualifizieren die Seite.

Schmerzhafte Erfahrungen mit versteckten Keywords machten Webmaster im Dezember 2005 beim auf den Namen „Jagger" getauften Update des Google Ranking-Algorithmus.

Dieses bestrafte unter anderem jene Seiten, die versteckten Text mittels unsichtbaren CSS-Layern beinhalteten, und verschob entsprechend aufbereitete Seiten auf die hinteren Plätze des Ergebnislistings (Selbach, 2005).

Doorway Pages oder Cloaking

Doorway Pages werden verwendet, um für bestimmte Begriffe in Suchmaschinen besonders gute Ergebnisse zu erzielen. Die Seiten sind nicht für den eigentlichen Benutzer bestimmt, sondern dienen alleine dazu, für spezielle Suchbegriffe bei Suchmaschinen ein bestmögliches Ranking zu erhalten.

Da Suchmaschinen vorwiegend Textinhalte lesen und indizieren, wird ihnen eine textbasierte, suchmaschinenfreundlich gestaltete HTML-Seite angeboten. Menschliche Besucher, die einen Browser benutzen, erhalten eine Seite, die multimediale Inhalte wie Flash-Filme oder Videos enthalten kann, deren Inhalte für Suchmaschinen unsichtbar sind.

Idealerweise ist die optimierte Seite genau auf den tatsächlichen Inhalt der Multimedia-Website abgestimmt. Der Verfasser kann mit der Methode seine Meta-Tags und Optimierungsmethoden vor der Konkurrenz schützen

Da diese Methode in der Vergangenheit oft missbraucht wurde, um Suchmaschinen andere Inhalte vorzuspiegeln, als tatsächlich in der Website enthalten waren, wird die Methode von Suchmaschinenbetreibern sanktioniert. Die meisten Suchmaschinen enthalten entsprechende Vorschriften in ihren Nutzungsbedingungen, und disqualifizierte Seiten werden aus dem Index entfernt.

Vermeiden Sie Linkfarmen

Als Linkfarm wird eine Ansammlung von Webseiten oder ganzen Domänen im Web bezeichnet, die primär dem Zweck dient, möglichst viele Hyperlinks auf eine andere Webpräsenz zu legen.

Der Zweck von Linkfarmen liegt darin, die Link-Popularität von Webseiten zu beeinflussen. Linkfarmen werden mittlerweile von führenden Suchmaschinen über eigene Analysemethoden identifiziert, und im Extremfall können solcher Art verlinkte Seiten aus dem Index verbannt werden.

7. Die richtige Registrierung Ihrer Webseiten

Nach der Seitenoptimierung ist der nächste Schritt im Suchmaschinen-Marketingprozess die richtige Registrierung der Seiten bei Suchmaschinen.

Es stellen sich folgende Fragen:

* Bei welchen Suchmaschinen soll ich meine Website anmelden?

* Welche Seiten muss ich anmelden?

* Wie melde ich meine Seiten am besten an?

* Mit welchen Stichworten und Kurzbeschreibungen versehe ich meine Seiten bei der Anmeldung?

Kurzer Check vor dem Eintrag

Bevor Sie eine Seite bei Suchmaschinen zur Registrierung anmelden, sollte die Qualität der Seite auf Herz und Nieren geprüft werden.

Link-Check

Trotz sorgfältigster Programmierung Ihrer Seiten kann es vorkommen, dass interne oder externe Links fehlerhaft oder nicht mehr aktuell sind. Ein toter Link (Dead Link) auf eine interne Seite hat zur Folge, dass diese vom Spider nicht aufgerufen werden kann und damit für den Index verloren geht.

HTML-Konformität

Prüfen Sie den HTML-Code Ihrer Seite auf seine Standardtauglichkeit. Im Gegensatz zu den gängigen Browsern sind die meisten Spider nicht in der Lage, schlampigen Quellcode richtig zu interpretieren.

Ladezeit

Testen Sie auch, wie lange Ihre Seite braucht, um im Browser angezeigt zu werden. Spider haben wenig Zeit und verlieren schnell die Geduld.

Dateigröße überprüfen

Aus Effizienzgründen werten manche Suchmaschinenbots nur Dateien bis zu einer gewissen Dateigröße aus. Ist eine Datei größer, kann es passieren, dass der restliche Inhalt ignoriert wird und für die Indexierung verloren geht. Empfehlenswert sind Dateigrößen unter 50 KB.

Adressen für den Voreintrags-Check der Website

> http://validator.w3.org ... Der Validierungsservice des w3-Konsortiums ermöglicht Ihnen, die Standardkonformität Ihrer Webseiten an allerhöchster Stelle zu prüfen.
>
> http://www.seo-united.de/links-tools/... Eine komplette, kostenlose Linksammlung für SEO-Tools finden Sie unter dieser Adresse. Positions-, Eintrags-, HTML-, Ladezeiten-Check u.v.a.m. lassen fast keinen Wunsch offen.

Methoden der Suchmaschinen-Anmeldung

Ihre optimierten und geprüften Seiten können Sie auf verschiedene Arten bei Suchmaschinen und Verzeichnissen zur Indexierung anmelden. Die meisten Suchmaschinenbetreiber bieten neben kostenfreien auch kostenpflichtige Registrierungen.

Anmeldung bei Suchmaschinen wie Google

Für die direkte Anmeldung Ihrer Webseiten bieten die meisten Suchmaschinenbetreiber eine eigene, kostenfreie Serviceadresse an.

Anmelde-URL bei Suchmaschinen

www.google.de/addurl/ ... Die Anmeldeseite von Google.

de.search.yahoo.com/free/submit ... Die Adresse für die Suchmaschinen-Anmeldung bei Yahoo .

Einzutragen sind der URL der zu registrierenden Seite und etwaige Zusatzinformationen. Den Rest erledigen die Spider automatisch.

Die Anmeldung Ihrer Internetadresse bei Google ist kostenlos. Sie brauchen nur das „oberste Verzeichnis eines Hosts" anzugeben, den Rest der Website findet der Googlespider auch so. Zur Anmeldung genügt somit die Angabe der Homepageadresse, z. B. http://www.meinefirma.de.

Zwecks besserer Unterscheidung zwischen manuell und automatisch übermittelten URLs werden Sie bei jeder Anmeldung aufgefordert, ein maschinell nicht lesbares und nur für Ihre Anmeldung generiertes Wort einzugeben (vgl. Abbildung 17).

Der erste Besuch durch einen Spider ist abhängig von der jeweiligen Suchmaschine und erfolgt innerhalb von Tagen oder mehreren Wochen. Sofern die restlichen Seiten suchmaschinenfreundlich verlinkt sind, werden sie vom Bot früher oder später automatisch erfasst.

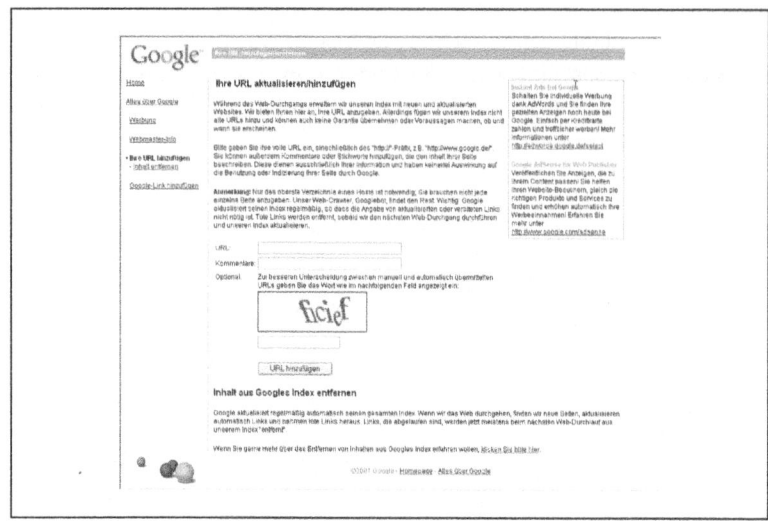

Quelle: http://www.google.de/addurl

Abbildung 17: Ihren URL bei Google hinzufügen

Paid Inclusion Services

Bezahlte Suchmaschineneintragungen sind ein Zwischending aus Text-anzeigen und direkten Anmeldungen.

Paid Inclusion Programme wie Search Submit Pro von Yahoo garantieren gegen Entgelt eine rasche Aufnahme Ihrer Seiten in den Index. Im kos-tenpflichtigen Service inkludiert sind regelmäßige Neuindexierungen der registrierten Seiten, die Schaltung der Seiten auf verschiedene Suchma-schinen und mehr oder weniger praktische Reportingtools, beispielsweise zur Kontrolle der Anzahl von Anzeigenschaltungen und der jeweiligen Zugriffe auf Ihre Website.

Regelmäßige Neuindexierungen erlauben Ihnen eine umgehende Erfolgs-kontrolle bei der Optimierung Ihrer Seiten. So können Sie meist schon nach 48 Stunden überprüfen, ob Ihre Änderungen oder Aktualisierungen bei der jeweiligen Suchmaschine erfolgreich waren.

Automatische Anmeldung über Onlinedienste oder Programme

Es gibt zahlreiche Onlinedienste und Desktopprogramme, die Ihnen anbieten, Ihre Seiten bei Hunderten oder Tausenden von Suchmaschinen automatisch anzumelden. Diese Methode hat den Vorteil, dass Sie eine Menge Zeit sparen können, da Anmeldeinformationen zu Ihrer Seite, wie URL, Inhaltsangaben oder Inhaberdaten, von Ihnen nur einmal definiert werden müssen. Die Submissiontools versuchen dann Ihre Seiten bei von Ihnen ausgewählten Suchmaschinen anzumelden.

Allerdings unterbinden immer mehr Suchmaschinenbetreiber automatische Anmeldeprozesse, so dass die Erfolgsquote automatischer Submissiontools ständig sinkt. Ein weiterer Nachteil ist, dass eine weitgehend standardisierte Form der Eintragung individuelle Optimierungen für wichtige Suchmaschinen nicht ermöglicht.

Adressen zur Suchmaschinen-Registrierung

www.hello-engines.de ... Eines der populärsten deutschstämmigen Programme mit über einer Million ausgelieferter Lizenzen ist Hello Engines!

www.webceo.com ... Einen kostengünstigen Einstieg für kleine und mittlere Websitebetreiber bietet die englischsprachige Website Promotion Software WebCEO.

Google Sitemap

Google bietet ergänzend zur normalen Seitenanmeldung das Programm der Google Sitemaps. Google Sitemaps ist ein Instrument zum Crawlen von Webseiten, das durch Information und Steuerung des Bots eine bessere und aktuellere Abdeckung der Seiteninhalte erzielen soll. Schon bald zogen andere führende Anbieter nach und brachten eigene, ähnliche Services wie Yahoo Sitemap auf den Markt.

Mithilfe von Sitemaps kann Google Seiten auf einer Website finden, die anderenfalls unter Umständen verborgen bleiben. Eine Sitemap stellt eine

Liste der Seiten der Website dar. Durch Erstellen und Senden einer Sitemap an Google können Sie sicherstellen, dass Google alle Seiten auf Ihrer Website bekannt sind, einschließlich solcher URLs, die möglicherweise beim normalen Crawlen durch Google unentdeckt bleiben.

Erstellt wird die Sitemap vom Betreiber der Website. Die Orientierungsdatei für den Spider wird im XML-Format erstellt und enthält den URL der zu crawlenden Seiten sowie zusätzliche Informationen über Priorität und Status der Seiten. Die Teilnahme am Google-Sitemaps-Programm erfordert das Erstellen der Sitemap und deren Anmeldung bei Google. Bei Änderungen auf der Site müssen die beiden Schritte gegebenenfalls wiederholt werden.

Sie können Google eine einfache Textdatei senden, die eine URL pro Zeile enthält.

Beispiel:

```
http://www.example.com/datei1.html
http://www.example.com/datei2.html
```

Beachten Sie diese Richtlinien, um optimale Ergebnisse zu erzielen:

* Sie müssen vollständige URLs angeben, da Google versucht, diese genau wie angegeben zu crawlen.

* Jede Textdatei kann maximal 50 000 URLs umfassen. Wenn Ihre Website mehr als 50 000 URLs umfasst, können Sie die Liste in mehrere Textdateien aufteilen und diese einzeln hinzufügen.

* Die Textdatei muss in UTF-8 codiert sein. Die Codierung geben Sie beim Speichern der Datei an (z. B. im Editor im Menü „Codierung" des Dialogfeldes „Speichern unter").

* Die Textdatei sollte nur die Liste der URLs enthalten.

* Die Textdatei sollte keine Kopf- oder Fußzeileninformationen enthalten. Sie können die Textdatei beliebig benennen. Google empfiehlt, dass Sie als Dateierweiterung „.txt" verwenden, um die Datei als Textdatei zu kennzeichnen (z. B. „sitemap.txt").

Sie sollten die Textdatei auf Ihren Server hochladen. Sobald Sie diese Datei erstellt haben, können Sie sie als XML-Sitemap einreichen. Dieses Verfahren, obwohl manuell, ist das einfachste und wahrscheinlich am besten geeignet, wenn Sie nicht mit Scripting oder der Verwaltung Ihres Webservers vertraut sind. [11]

Tipps für die Suchmaschinen-Anmeldung

Die Anmeldung Ihrer Webseiten für die Indexierung ist am deutschsprachigen Markt meist kostenlos möglich. Abschließend noch ein paar Tipps für die Anmeldung Ihrer Webseiten bei Suchmaschinen.

Anmeldehäufigkeit

Checken Sie die Anmelderichtlinien der einzelnen Suchmaschinenbetreiber. Dort werden Sie herausfinden, wie viele Seiten Sie innerhalb von 24 Stunden anmelden dürfen, ob die Suchmaschine Ihre restlichen Seiten durchforsten und indexieren wird, und Sie erhalten andere Suchmaschinen spezifische Hinweise.

Ausgewählte Seiten anmelden

Auch wenn Suchmaschinenbetreiber wie Google immer wieder betonen, dass es genügt, nur eine Seite anzumelden, sind Sie in der Regel gut beraten, mehrere ausgewählte Seiten zur Registrierung zu übertragen. Diese Methode garantiert zwar nicht, dass alle angemeldeten Seiten indexiert werden, führt aber normalerweise dazu, dass wichtige Inhalte schneller aufgenommen werden.

Eine sinnvolle Kombination für Seitenanmeldung wäre:

* den URL der Homepage Ihres Internetauftritts,

* die URLs der jeweiligen Einstiegseiten in wichtige Themengebiete, wie Sortimentsbereiche, Firmenportrait usw.,

✦ den URL einer etwaigen Sitemap mit Links zu den Inhalten Ihrer Website.

Erreichbarkeit Ihres Servers ist wichtig

Stellen Sie sicher, dass der Server, auf dem Sie Ihre Webseiten hosten, ständig verfügbar ist. Sie wissen nie, wann der Spider der Suchmaschine kommt. Kann er eine Seite mehrmals nicht aufrufen, läuft die Adresse Gefahr, aus dem Index der Suchmaschine gestrichen zu werden.

Es gibt zahlreiche Tools und Online-Services, mit denen Sie eine grundlegende Überwachung der Serververfügbarkeit durchführen können.

■ Beispiel: InternetSeer überwacht Ihren Server

Die Firma InternetSeer (www.internetseer.com) bietet neben kostenpflichtigen, erweiterten Überwachungsfunktionen auch einen kostenfreien Dienst zur Kontrolle der Serververfügbarkeit an.

Im Falle eines Serverausfalls werden Sie per E-Mail informiert und können sofort aktiv werden.

Dateigröße minimieren

Beschränken Sie die Dateigröße Ihrer Webseite auf ein Minimum. Die meisten Suchmaschinen-Spider werten aus Effizienzgründen nur eine bestimmte Anzahl von Kilobytes pro Webseite aus. Ist Ihre Seite größer, gehen wertvolle Informationen verloren.

So soll der Yahoo-Bot ein Cachelimit von 500 KB haben. Das Cachelimit des Googlebots betrug einmal 101 KB, derzeit werden aber auch größere Seiten indexiert. Generell ist anzunehmen, dass Suchmaschinen in Zukunft ihre Cachelimits noch höher ansetzen oder gänzlich außer Acht lassen werden.

Teil III

Anzeigenwerbung
in Suchmaschinen

1. Bezahlte Textanzeigen in Suchmaschinen

Pay-per-Click-Werbung erlaubt Ihnen eine weitgehende Kontrolle über die Platzierung Ihrer Werbeeinschaltungen in den Ergebnislisten der Suchmaschinen.

Die Grundidee ist genial einfach und Basis für eine der absoluten Erfolgsgeschichten im Online-Marketing überhaupt. Als Werbetreibender zahlen Sie für die selbst erstellte Textanzeige Ihrer Suchmaschinenwerbung nur dann, wenn die beworbene Internetadresse auch besucht wird (Pay-per-Click, PPC). Angezeigt wird Ihre Werbung immer dann, wenn von Ihnen bestimmte Keywords in der Suchabfrage verwendet werden. Die Kosten für den Klick können Sie dabei weitgehend selbst bestimmen. Grundsätzlich gilt: Je mehr Sie bereit sind zu zahlen, desto besser ist Ihre Platzierung. Über zahlreiche, von den Betreibern zur Verfügung gestellte Tools und Auswertungen können Sie Ihre Werbeeinschaltungen bestmöglich steuern.

Zu den reichweitenstärksten Instrumenten für keywordspezifische Textanzeigen in Suchmaschinen zählen:

* Google AdWords

* Yahoo Sponsored Search.

Für Werbetreibende ist das Buchen von Anzeigen über Pay-per-Click überaus interessant. Sie bezahlen nicht pro Einblendung, sondern nur dann, wenn Besucher auf diese Anzeige klicken. Ein weiterer Vorteil besteht in der zielgruppengerechten Ansprache der Besucher. Nur das Zielpublikum, das nach diesem Begriff sucht, bekommt die Anzeige zu sehen.

2. Google AdWords

Eine der populärsten und effektivsten Formen bezahlter Suchmaschinen-anzeigen sind die Google AdWords.

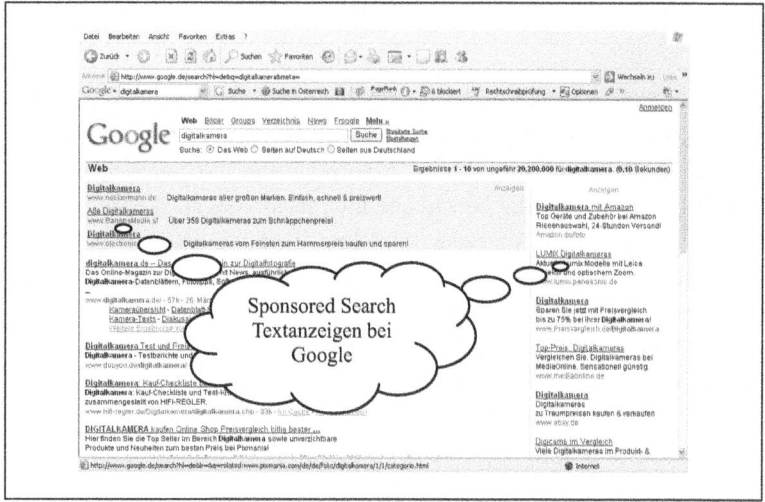

Quelle: http://www.google.at

Abbildung 18: Bezahlte Textanzeigen bei Google für den Suchbegriff „Digitalkamera"

Der große Vorteil bei Google AdWords ist, dass Sie keine langen und teu-ren Vorbereitungen benötigen. Mit einem Budget von ein paar Hundert Euro können Sie schnell feststellen, welche Begriffe Ihnen Kunden auf die Webseiten bringen und welche nutzlos sind. Damit liefert Ihnen Google AdWords auch wertvolle Informationen für etwaige Aktivitäten bei der Suchmaschinen-Optimierung.

Die kleinen Textanzeigen erscheinen als Werbeeinschaltung gekennzeichnete Einträge rechts neben und über (farbig unterlegt) den organischen Ergebnissen. Diese Top-Listings werden jedoch nicht bei allen Begriffen angezeigt. Sie sind meist sehr stark umkämpften Werbemärkten vorbehalten.

Beispiel: Heißbegehrte Google AdWords-Begriffe

Eines der teuersten bekannten Google AdWords ist „Mesothelioma". Es beschreibt eine durch Asbest verursachte Krankheit, und amerikanische Rechtsanwälte nutzen es, um Klienten für millionenschwere Produkthaftungsprozesse zu finden. Der durchschnittliche Preis für eine Topplatzierung von Mesothelioma-Anzeigen in Google AdWords in Amerika liegt bei über 40 Euro pro Click.

(Quelle: Google Traffic Estimator, 2005)

Das Google-Werbenetzwerk

Der Marktführer bei Online-Werbung, die Suchmaschine Google, bietet mit Google AdWords und Google AdSense zwei unterschiedliche Programme zur Umsetzung von keywordbezogenen Online-Werbekampagnen.

Grundprinzip der beiden Werbeprogramme ist die Schaltung keywordbezogener Anzeigenformate, meist Textanzeigen, auf den Webseiten des Google-Werbenetzwerks. Das Google-Werbenetzwerk ist unterteilt in ein Suchnetzwerk und Content-Netzwerk. Die werbetreibenden Unternehmen können aussuchen, ob ihre Anzeigen in einem oder beiden Netzwerken zusätzlich zu den Suchergebnisseiten erscheinen sollen.

Das Suchnetzwerk umfasst Partner-Websites, Suchwebsites und andere Suchmaschinen wie America Online, Ask.com, T-Online sowie Tausende weitere Websites weltweit. Anzeigen im Google AdWords-Programm werden auf die Suchanfragen der Benutzer abgestimmt und erscheinen nur dann, wenn ein Benutzer nach Informationen sucht, die einen Bezug zum Suchbegriff aufweisen.

Das Content-Netzwerk umfasst Tausende von Websites, von kleinen, privaten Anbietern bis hin zu großen Webportalen. Anzeigen im Google AdSense-Programm werden nur dann geschaltet, wenn der Inhalt und Kontext einer Webseite in Beziehung zu den Keywords der Werbekampagne stehen.

Die Anzeigen werden über Kampagnen organisiert, die in ein oder mehrere Anzeigengruppen unterteilt sind. In den einzelnen Anzeigengruppen befinden sich ein oder mehrere Anzeigen, denen meist mehrere zielgruppenrelevante Suchbegriffe (Keywords) zugeordnet sind.

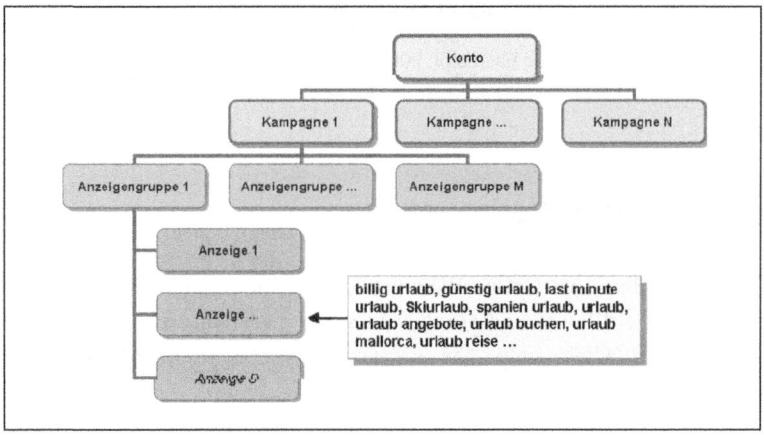

Abbildung 19: Struktur eines Pay-per-Click-Programms am Beispiel eines Google AdWords-Kontos

Für die einzelnen Keywords können maximale Gebote für einen Klick festgelegt werden. Die Höhe des Gebots beeinflusst – neben einem numerischen Qualitätsfaktor – die Platzierung der Anzeige innerhalb der Ergebnisseiten und die anfallenden Kosten pro Klick. Der bei einem Klick berechnete Preis liegt immer unterhalb des maximalen Gebots.

Anmeldung bei Google AdWords

Sie können Google AdWords ganz einfach einmal selbst ausprobieren. Der Zugang zur Kampagnenplanung und die Erstellung von Textanzeigen sind bei Google nach Erstellung eines Kontos für AdWords möglich.

Eine kostenpflichtige Registrierung – verrechnet werden fünf Euro Freischaltgebühr – ist erst dann erforderlich, wenn Sie Anzeigen auch aktivieren wollen. Die Schaltung Ihrer Anzeigen erfolgt bei Bezahlung mittels Kreditkarte innerhalb von wenigen Minuten.

Über die Adresse http://adwords.google.de kommen Sie direkt zur Einstiegseite der Google AdWords Services.

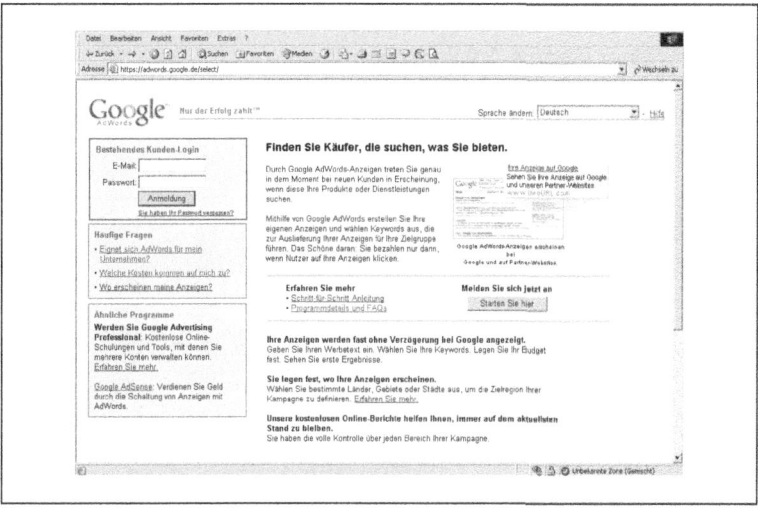

Quelle: http://adwords.google.de

Abbildung 20: Anmeldung bei Google AdWords in Deutschland

Erstellung eines Google AdWords-Kontos

Über die Schaltfläche „Jetzt starten" aktivieren Sie den Anmeldeassistenten, der Sie bei der Erstellung Ihres Kontos unterstützt. Für die Erstellung Ihres Kontos benötigen Sie eine funktionierende E-Mail-Adresse und ein mindestens achtstelliges Passwort. Zur Einrichtung des AdWords-Kontos müssen Sie Ihre Zeitzone und Währung kennen. Nach der Einrichtung Ihres Kontos können Ihre Einstellungen für die Zeitzone und die Währung nicht mehr geändert werden.

Rufen Sie dann die von Google an die angegebene Adresse versandte E-Mail ab, um Ihr Konto zu prüfen. Klicken Sie auf den Link in der E-Mail, um Ihre Adresse zu bestätigen. Anschließend können Sie sich in AdWords anmelden und Werbung schalten.

Erstellen einer Google AdWords-Kampagne

Mit dem neuem Konto können Sie sich nun bei Google AdWords anmelden und Kampagnen für Ihre Werbung erstellen.

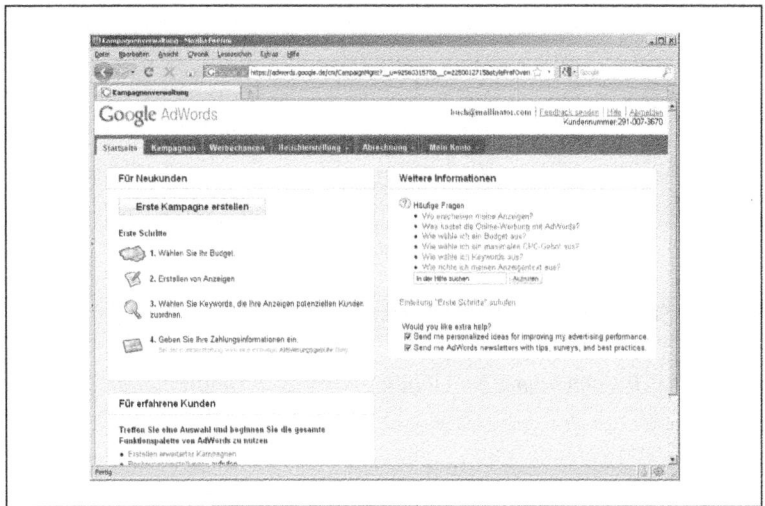

Quelle: http://adwords.google.de

Abbildung 21: Startseite des Google AdWords-Kontos

In einem ersten Schritt definieren Sie Ihre Zielmärkte, dann schreiben Sie Ihre Textanzeigen und verknüpfen diese mit den von Ihnen ausgewählten Keywords. Last, but not least legen Sie noch Ihr verbindliches Tages- und Gesamtbudget fest.

Schritt 1: Kampagneneinstellung wählen

Im Wesentlichen bestimmen Sie über Festlegung der Standorte, Sprachen und demografische Kriterien Ihre geografischen Zielmärkte. Dabei ist bei den Sprachen eine Mehrfachauswahl möglich.

Bei den Standorten stehen Ihnen beim deutschsprachigen Angebot wahlweise Länder, Regionen – die Bundesländer in Deutschland und Österreich, die Kantone in der Schweiz – und Städte oder ein bestimmter geografischer Umkreis rund um Ihren Standort zur Verfügung.

Quelle: Adwords.google.de

Abbildung 22: Geomarketing mittels Google AdWords

115

Im Content-Werbenetzwerk bietet Google zudem die Möglichkeit, die Schaltung der Anzeigen nach demografischen Merkmalen wie Geschlecht und Alter auszurichten.

Über die Einstellungen der Werbenetzwerke und Empfänger können Sie auch beeinflussen, wo Ihre Anzeigen geschaltet werden. Als Werbenetzwerke stehen die Google-Suche, andere Websites im Such-Werbenetzwerk oder das Content-Werbenetzwerk zur Verfügung. Bei den Empfängern wird nach Gerätetypen wie Desktop-Computer und Laptops sowie iPhones und anderen Mobilgeräten mit vollwertigem Internetbrowser unterschieden.

Die Festlegung der Kampagneneinstellung endet mit der Angabe der Gebotsoptionen und der Höhe des geplanten Tagesbudgets. Sie haben größtmögliche Kontrolle über Ihre Werbekosten. Neben der Währung – üblicherweise Euro – können Sie Ihr maximales Tagesbudget und den Höchstbetrag pro Klick bestimmen.

Das Mindestgebot pro Keyword beträgt einen Cent. Die Höhe des von Ihnen gebotenen Betrags bestimmt unmittelbar die Position Ihrer Anzeige im Ergebnislisting. Je höher Ihr Gebot, desto besser ist Ihre Platzierung.

Schritt 2: Erstellung der Textanzeige

Nun definieren Sie Ihre erste Textanzeige. Keine Angst, Sie können später noch weitere Anzeigen erstellen. Für die Anzeigengestaltung stehen Ihnen folgende Elemente zur Verfügung:

* die Anzeigenüberschrift (Headline),

* der zweizeiligen Anzeigentext (Body),

* die angezeigte Adresse und die tatsächliche, für den Benutzer nicht direkt sichtbare Zieladresse (Landing Page) auf Ihrer Website.

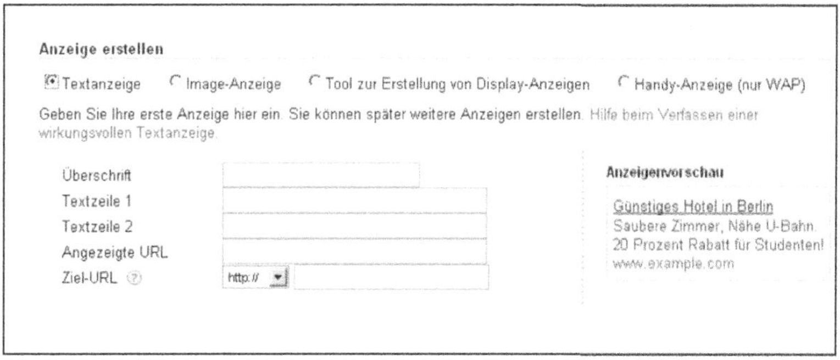

Quelle: http://Adwords.google.de

Abbildung 23: Anzeige erstellen in Google AdWords

Für die Formulierung von Textanzeigen legt Google die folgenden redaktionellen Richtlinien zugrunde:

* Beschreiben Sie Ihre Website möglichst eindeutig und präzise.

* Stellen Sie den USP Ihres Produktes oder Ihrer Dienstleistung in den Vordergrund.

Achten Sie darauf, dass Ihre Anzeigen klar und verständlich formuliert sind und auf marktschreierische bzw. wettbewerbswidrige Inhalte verzichten. Verpönt sind auch allgemeine Handlungsanweisungen wie beispielsweise „Klicken Sie hier!" oder „Besuchen Sie diesen Link!".

Beispiel: Superlative vermeiden

„Beste Preise ..." wird von Google AdWords nicht als gültiger Headlinebestandteil akzeptiert.

„Supergünstige Preise ..." hingegen schon; diese Formulierung hat ebenfalls einen starken Appeal für preisbewusste Käufer.

Vor einer Veröffentlichung wird die Anzeige von Google geprüft und nur bei Übereinstimmung mit den redaktionellen Richtlinien freigegeben. Laut Content-Richtlinie sind unter anderem Textanzeigen für Waffen,

Drogen, Tabak, Zigaretten, Spirituosen sowie Werbung für Massenvertriebsprodukte verboten.[12]

Schritt 3: Keywords wählen

Jetzt wählen Sie passende Keywords für Ihre Anzeige. Übernehmen Sie die Suchbegriffe in Ihre zu definierende Keyword-Liste. Fürs Erste empfiehlt Google sich auf maximal 10 bis 20 Begriffe zu konzentrieren. Die jeweilige Keyword-Liste kann zu einem späteren Zeitpunkt noch ergänzt bzw. überarbeitet werden. Wichtig ist, dass Sie möglichst passende Keywords für Ihre Textanzeige definieren. Sie können mehrere Begriffe in einer Wortgruppe vereinen. Außerdem sollten Sie unbedingt auch verschiedene Schreibweisen, Formen und Synonyme eines Begriffes in Ihre Aufstellung übernehmen.

Mit der Funktion „Such-Traffic schätzen" können Sie die voraussichtlichen Klicks und Kosten pro Tag abschätzen. Die Schätzwerte ergeben sich aus dem maximalen Gebot für Anzeigen und dem Kampagnen-Tagesbudget. Andere Zieleinstellungen werden nicht berücksichtigt. Darüber hinaus gelten sie nur für das Such-Werbenetzwerk, nicht für das Content-Werbenetzwerk. Möchten Sie mehr Impressionen und Klicks erzielen, sollten Sie Budget und Gebot anpassen.

Einzelne Keyword-Optionen erhöhen die Relevanz des Begriffes für eine Anzeige, indem festgelegt wird, wie genau die Abfrage eines Nutzers mit einem Keyword übereinstimmen muss, damit die Anzeige geschaltet wird.

Verwenden Sie Keyword-Optionen, um Ihre Anzeigen präziser auszurichten:

Keyword = weitgehend passend

"Keyword" = exakte Übereinstimmung mit der Wortgruppe

[Keyword] = exakte Übereinstimmung nur mit diesem Begriff

- Keyword = diesen Begriff ausschließen

Keywords in Anführungszeichen (wie „Spiegelreflex Digitalkamera")
schalten eine Anzeige nur, wenn die Suchabfrage oder der Seiteninhalt
diesen Ausdruck exakt enthält.

Ausschließende Keywords bieten eine gute Möglichkeit zu verhindern,
dass die Anzeige bei Nutzern geschaltet wird, die möglicherweise nicht
interessiert sind. Ein Nutzer, der beispielsweise Spiegelreflexkamera für
Kleinbild eingibt, erhält diese Anzeige nicht.

Schritt 4: Beim Programm anmelden

Nachdem Sie Werbemarkt, Anzeigensujet, Keywords und Budget festgelegt haben, können Sie Ihre Kampagne bei Google anmelden. Dazu müssen Sie Google Ihre Rechnungsinformationen und gewünschte Zah-
lungsweise mitteilen. Für die endgültige Aktivierung des Kontos verrechnet Google fünf Euro Kontoeinrichtungsgebühr.

Werbekampagnen planen und umsetzen

Nach Aktivierung Ihres Kontos können Sie zielgruppenspezifische Kampagnen organisieren, weitere Textanzeigen gestalten oder Ihre Keyword-
Liste optimieren.

Google AdWords unterteilt Ihre Anzeigenwerbung in Kampagnen und
Anzeigengruppen.

Kampagnen organisieren

Zur Planung und Organisation Ihrer Anzeigenkampagnen stehen Ihnen
folgende Optionen zu Verfügung:

* das festgelegte Tagesbudget,

* Start- und Enddatum Ihrer Kampagne,

* Platzierungswünsche für Ihre Anzeigen wie auf Suchmaschinen im Google-Werbenetzwerk oder Partnersites im Content-Netzwerk,

* Spracheinstellung,

* geografische Optionen, wie Länder, Städte und Regionen oder „Im Umkreis von ...".

Zu den Websites im Google-Werbenetzwerk zählen – neben Froogle und Google Groups – bekannte Suchmaschinen bzw. Portale wie MSN, Ask-Jeeves, America Online (AOL) oder Compuserve. Vervollständigt werden die Platzierungsmöglichkeiten durch Partnerwebsites im Content-Netzwerk wie New York Times, Focus Online und Millionen von privaten und kommerziellen AdSense-Partnern.

Über die festgelegten Kampagnenoptionen steuern Sie einzelne Anzeigengruppen mit Ihren Keyword-Listen bzw. Textanzeigen. Es lohnt sich, einzelne Kampagnen nach bestimmten Gesichtspunkten zu organisieren, wie

* kommunikationspolitische Zielsetzungen (z. B. Imagewerbung, Promotions oder Public-Relations-Kampagnen),

* produkt- oder markenspezifische Kampagnen,

* zeitlich beschränkte oder saisonale Werbeaktionen.

Erstellen von Anzeigengruppen

Kampagnen sind unterteilt in Anzeigengruppen. Anzeigengruppen ermöglichen Ihnen, die maximalen Kosten pro Click für alle Keywords der Anzeigengruppe festzulegen oder einzelne Anzeigengruppen pausieren zu lassen bzw. zu löschen.

Auch hier stehen Ihnen wieder vielseitige Möglichkeiten zur Organisation Ihrer Anzeigen zur Verfügung. Fassen Sie strategische Anzeigenschwerpunkte, wie Imagewerbung für bestimmte Produkte, in einer eigenen Anzeigengruppe zusammen.

3. Yahoo Sponsored Search

Yahoo Sponsored Search, vormals Overture, ist heute der wohl einzige Konkurrent von Google am Markt für bezahlte Suchmaschinen-Werbung. Das deutschsprachige Werbeangebot umfasst bezahlte, keywordabhängige Textanzeigen (Sponsored Search) und kontextabhängige Werbung (Content Match) im Werbenetzwerk, unter anderem Yahoo und Bing, sowie auf themenrelevanten Partnersites.

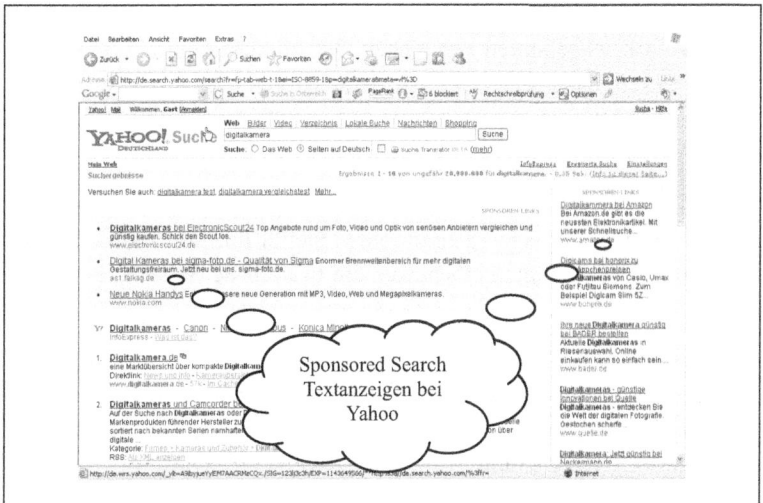

Quelle: http://de.search.yahoo.com

Abbildung 24: Platzierung von Sponsoren-Links bei Yahoo Sponsored Search

Die Textanzeigen werden als Sponsoren-Links (farbig hinterlegt) neben und über den organischen Listings geschaltet. In manchen Fällen – insbesondere bei Shopping-Produkten – werden zusätzlich noch spezielle Shopping Links platziert.

Die Position Ihres Suchergebnisses können Sie über ein Auktionsmodell selbst bestimmen. Je mehr Sie bieten, desto besser ist Ihr Platz.

Anmeldung bei Yahoo Sponsored Search

Yahoo Sponsored Search verlangt für die Einrichtung und Freigabe Ihres Werbekontos eine Ersteinzahlung von 50 Euro. Diese wird komplett mit anfallenden Klickgebühren verrechnet. Das Mindestgebot bei Sponsored Search variiert, da es von verschiedenen Faktoren wie beispielsweise der Anzahl der Mitbieter, der Höhe der Gebote für einen speziellen Suchbegriff, der Qualität Ihrer Anzeige und deren Relevanz für die Nutzer abhängt. Ein Mindestumsatz besteht nicht.

Auch bei Yahoo Sponsored Search zahlen Sie für Ihre Werbeeinschaltung nur dann, wenn ein Internetbenutzer die beworbene Seitenadresse aufruft.

Yahoo Sponsored Search offeriert seinen Werbekunden einen kostenpflichtigen Premium-Service sowie einen kostenfreien Self-Service. Der Premium-Service bietet Expertenunterstützung bei der Anzeigenerstellung und Budgetverwaltung.

Yahoo Sponsored-Search-Kampagne anlegen

So legen Sie bei Yahoo Sponsored Search eine Online-Marketing-Kampagne an:[13]

1. Auswahl der geografischen Regionen: Legen Sie fest, ob Ihre Kampagnen landesweit oder nur in bestimmten, von Ihnen ausgewählten Regionen (Bundesländern oder Kantonen), ausgeliefert werden sollen.

2. Wählen Sie für Sie relevante Suchbegriffe aus: Nutzen Sie das Yahoo Tool „Suchbegriffe finden", um für Ihre Website relevante Suchbegriffe und Formulierungen auszuwählen.

3. Legen Sie Ihr Budget fest: Geben Sie ein Tagesbudget an, das in der Summe (über 30 Tage) Ihr monatliches Budget ergibt, und bestimmen Sie, wie viel Sie maximal pro Klick auf Ihre Anzeige zahlen möchten.

4. Erstellen Sie Ihre Anzeige(n): Erstellen Sie Anzeigen, die Ihre Produkte oder Dienstleistungen bewerben. Jede Anzeige besteht aus Titel, Beschreibung und URL.

5. Überprüfen und aktivieren Sie Ihre Anzeige(n): Überprüfen Sie Ihre Kampagne und geben Sie Ihre Rechnungsinformationen ein, um Ihr Konto zu aktivieren. Ihre Anzeige geht dann in der Regel innerhalb weniger Minuten online.

Wie Sie sicher schon gemerkt haben: Alles läuft sehr ähnlich wie bei Google AdWords.

Schritt 1: Auswahl der geografischen Regionen

Die Auswahl der geografischen Regionen beschränkt sich auf den Markt (z. B. Deutschland) und in der Folge auf einzelne oder mehrere Bundesländer. Die Auswahl bestimmter Orte ist nicht möglich.

Schritt 2: Suchbegriffe auswählen

Im ersten Schritt bestimmen Sie die für Ihre Werbung relevanten Such-begriffe. Hier greifen Sie am besten wieder auf Ihre bei der organischen Suchmaschinen-Optimierung generierte Keyword-Liste zurück.

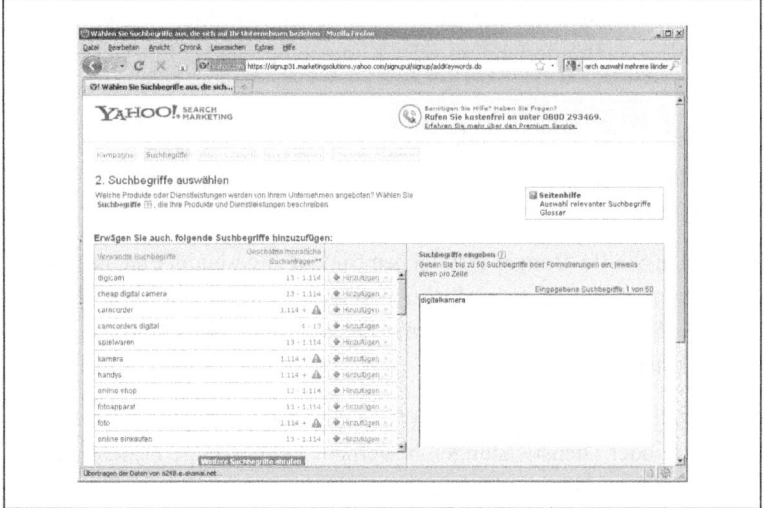

Quelle: https://signup31.marketingsolutions.yahoo.com/signupui/

Abbildung 25: Suchbegriffe auswählen bei Yahoo Sponsored Search

Unterstützt werden Sie bei der Auswahl Ihrer Keywords durch ein wert-volles Hilfswerkzeug (vgl. Abbildung 25). Das Programm generiert zu einem Suchbegriff eine Liste von Vorschlägen mit Angaben zum monat-lichen Suchvolumen. Es bietet Ihnen zu den einzelnen Suchbegriffen wertvolle Informationen, wie monatliches Suchvolumen und geschätzte Klicks.

Beim monatlichen Suchvolumen handelt es sich um die Anzahl der Suchanfragen, die innerhalb des Yahoo Sponsored-Search-Werbenetzes im Vormonat der aktuellen Abfrage durchgeführt wurden. Die Daten werden am Ende jedes Monats aktualisiert und stehen in der Regel ab Mitte des nächsten Monats bereit.

Bei der Ersterstellung Ihrer Anzeigen sollten Sie maximal 50 Suchbegriffe auswählen. Etwas unhandlich ist die Bedienung des Tools. Beispielsweise ist es nicht möglich, für ein bestimmtes Keyword die Anzahl der geschätzten Suchanfragen abzuschätzen, da diese immer nur für verwandte Suchbegriffe angezeigt werden.

Schritt 3: Tagesbudget und Höchstgebot festlegen

Geben Sie das Konto-Tagesbudget ein und klicken Sie auf Schätzen. Es werden ein empfohlenes Gebot für die ausgewählten Suchbegriffe und eine Schätzung der täglich und monatlich zu erwartenden Anzeigenschaltungen und Klicks angezeigt.

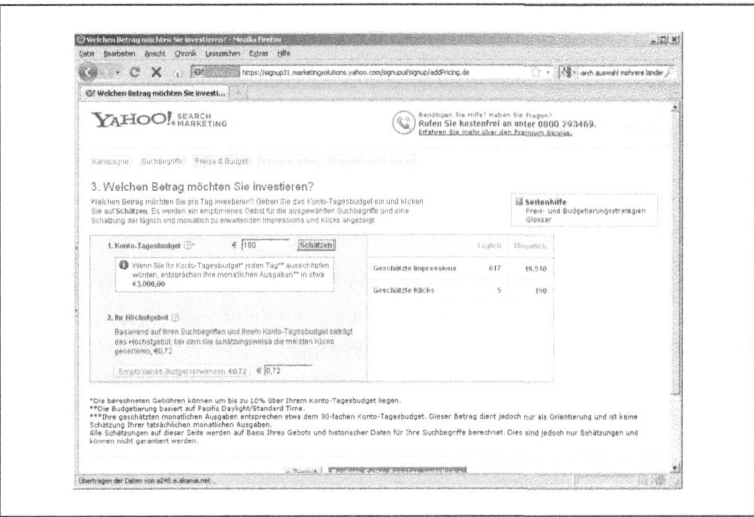

Quelle: https://signup31.marketingsolutions.yahoo.com/

Abbildung 26: Schätzung der Impressionen und Klicks, abhängig von Tagesbudget und Höchstgebot

Basierend auf einem Tagesbudget von 100 Euro und den ausgewählten Suchbegriffen empfiehlt das Tool ein Höchstgebot von 72 Cent pro Klick, bei dem Sie schätzungsweise die meisten Klicks generieren. Zusätzlich werden Informationen zu den täglich bzw. monatlich geschätzten Impressionen und Klicks angezeigt.

Schritt 4: Erstellen der Textanzeige

Yahoo Sponsored Search bietet mehr Platz als Google AdWords für die Textierung Ihrer Anzeigen. Eine Textanzeige besteht aus einem Titel (max. 60 Zeichen), einer Beschreibung (max. 71 Zeichen) und einer Zieladresse (URL).

Praktisch ist die parallel zur Erstellung des Textes durchgeführte Darstellung Ihrer Anzeige am Bildschirm. So können Sie Aussehen und Wirksamkeit der Einschaltung sofort beurteilen und adaptieren.

Sie sollten bei der Textierung darauf achten, wichtige Keywords in den Titel zu schreiben. Sie werden fett dargestellt und erhöhen die Aufmerksamkeitswirkung Ihrer Anzeige. In der Anzeige dient der Titel auch als Verknüpfung zu Ihrem Internetangebot.

Yahoo Sponsored Search ermöglicht es Ihnen zudem, Anzeigen einzusehen, die gegenwärtig als Antwort auf eine Suchanfrage nach von Ihnen gewählten Suchbegriffen ausgeliefert werden.

Um bessere Anzeigen zu erstellen, gibt Yahoo Sponsored Search folgende Tipps:

* Geben Sie den Suchbegriff in Titel und Beschreibung ein.

* Vergewissern Sie sich, dass die Titel und Beschreibungen für alle Suchbegriffe relevant sind.

* Heben Sie Ihr Produkt oder Ihre Dienstleistung durch besondere Merkmale hervor (z. B. „offizieller Shop" oder „kostenloser Versand").

* Bitte wählen Sie als Landing Page eine Seite (URL) mit möglichst hoher Relevanz zu Ihrer Anzeige.

* Sollten Sie Ihre Dienstleistung nur in bestimmten Gebieten anbieten, fügen Sie einen Ort ein (z. B. „PC-Service Köln").

Schritt 5: Kunden- und Rechnungsinformationen angeben

Im abschließenden Schritt tragen Sie noch Ihre Kontaktdaten und persönlichen Zugangsdaten in ein Formular ein und melden Ihren Account bei Yahoo Sponsored Search per Mausklick an.

Yahoo Sponsored Search prüft Ihre Anmeldung und bestätigt diese per E-Mail oder schriftlicher Mitteilung. Mit der Freigabe Ihres Accounts können Sie mit Ihren persönlichen Zugangsdaten Ihre Werbekampagnen verwalten und optimieren.

4. MSN bzw. Bing

So wie MSN, das Suchmaschinenportal von Bill Gates, verzichtet auch Bing, die Suchmaschine aus dem Hause Microsoft, auf ein eigenes Paid-Search-Programm. Werbung mittels bezahlter Textanzeigen wird den Werbetreibenden zwar angeboten, diese stammen jedoch aus dem Yahoo Marketing Search Programm.

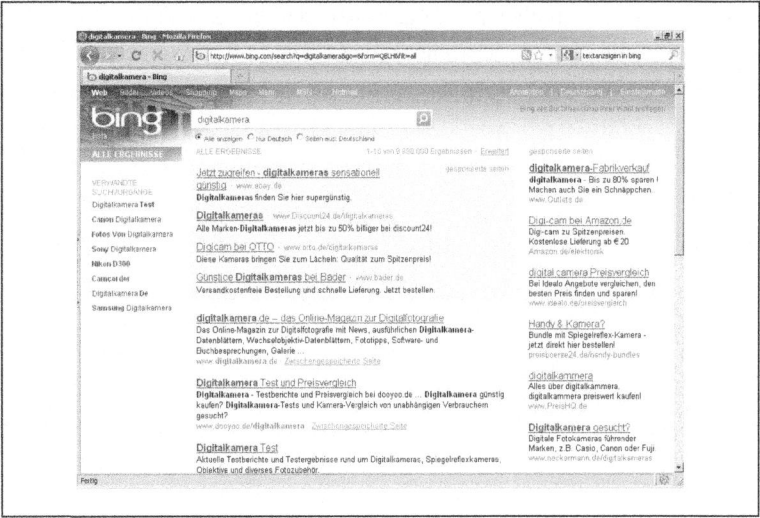

Abbildung 27: Bezahlte Textanzeigen bei der Microsoft Suchmaschine Bing

Microsoft kündigte zwar in der Vergangenheit ein eigenes keyword-basiertes Werbeprogramm namens MSN adCenter an. MSN adCenter ähnelte in der Konzeption den Pay-per-Click-Angeboten von Google und Yahoo. Zudem bot MSN adCenter den Werbekunden detaillierte Informationen über demografische Merkmale sowie Online-Verhaltensweisen der Benutzer und ermöglichte die Platzierung von Anzeigen nach Kriterien wie Alter, Geschlecht oder Wohnort. Über diese für Werbezwecke interessanten Daten verfügte Microsoft durch Registrierungen bei Microsoft-Services wie Hotmail oder Messenger.

In Europa startete MSN adCenter in der zweiten Jahreshälfte 2005 mit einem Pilotprojekt in Frankreich. Ein weiterer Programmtest startete parallel dazu in Singapur. In den deutschsprachigen Markt wurde MSN adCenter nicht eingeführt.

5. Zehn Top-Tipps für bezahlte Textanzeigen

Für zielgruppengenaue Online-Werbung sind Pay-per-Click-Textanzeigen eine hocheffiziente und relativ kostengünstige Werbeform. Mit den im Buch beschriebenen Programmen – Google AdWords, Yahoo Sponsored Search und MSN adCenter – zahlen Sie für Websitebesucher gerade einmal ein paar Cent. Nachfolgend finden Sie zehn ausgewählte Tipps, um Ihre Pay-per-Click-Kampagnen erfolgreich zu pushen.

Anzahl der Suchabfragen für Keyword bestimmen

Wie gezeigt, verfügen fast alle Pay-per-Click-Anbieter über Services, mit denen Sie feststellen können, wie oft nach einem bestimmten Keyword gesucht wird. Beachten Sie dabei etwaige saisonale Schwankungen bei der Popularität bestimmter Suchbegriffe. Ein zur Urlaubszeit populärer Suchbegriff kann zu Weihnachten schon wieder total out sein.

Bei Klickraten um die fünf bis zehn Prozent bringen Ihnen bereits Keywords mit 50 Abfragen im Monat eine Handvoll Besucher auf Ihre Website oder in Ihren Online-Shop. Interessant wird es bei Keywords ab 500 monatlichen Suchabfragen und deutlich zweistelligen Klickraten.

Planen Sie für jedes Produkt eine eigene Anzeige

Werbung für Ihr gesamtes Sortiment oder Dienstleistungsangebot ist teurer und weniger wirksam als das Promoten einzelner Produkte oder Services. Nutzen Sie Möglichkeiten, um einzelne Produkte zu bewerben, und planen Sie für jedes Produkt eine eigene Anzeige oder Anzeigengruppe.

Damit vermeiden Sie den teuren Wettbewerb um populäre Begriffe und erhöhen Ihre Chance, mit Ihrem Angebot interessierte Benutzer anzusprechen. Zusätzlich können Sie Ihre Promotion-Aktivitäten für einzelne Produkte oder Dienstleistungen gezielter und flexibler steuern.

Ansprechende und aktivierende Anzeigen schreiben

Schlagzeile und zwei Zeilen Text sind alles, womit Sie Interessenten zu einem Besuch Ihrer Website bringen können. Sagen Sie Ihren Kunden – kurz und prägnant – was Sie zu bieten haben und warum sie Ihre Website oder Ihren Online-Shop besuchen sollten.

Geben Sie Ihren Kunden einen Anreiz, Ihre Seite aufzurufen. Verwenden Sie bekannte Promotionreizwörter wie „Kostenlos testen" oder „Neu" für Ihre Anzeigen. Zusätzlich können Sie gegebenenfalls noch zeitliche Beschränkungen oder Rabatte für Ihre Angebote kommunizieren.

Nicht immer ist es sinnvoll, über das Wording einer Anzeige eine möglichst hohe Klickrate anzustreben. Wollen Sie Software verkaufen, sollten Sie Leute, die nach „kostenlose Software" suchen, von vornherein ausschließen. Sie wollen echte Interessenten gewinnen, nicht nur Besucher oder Schnäppchenjäger.

Anzeigentexte und Keywords optimieren

Anzeigentexte in Pay-per-Click-Anzeigen sind werbetextliche Kleinode. Als Texter haben Sie nur sehr wenig Platz zur Verfügung, die Konkurrenz ist groß und die durchschnittliche Schaltdauer der Anzeige gering. Umso wichtiger ist es, dass Ihre Anzeige aufmerksamkeitsstark ist, Interesse beim Leser weckt und ihn dazu veranlasst, auf Ihre Webseite zu klicken.

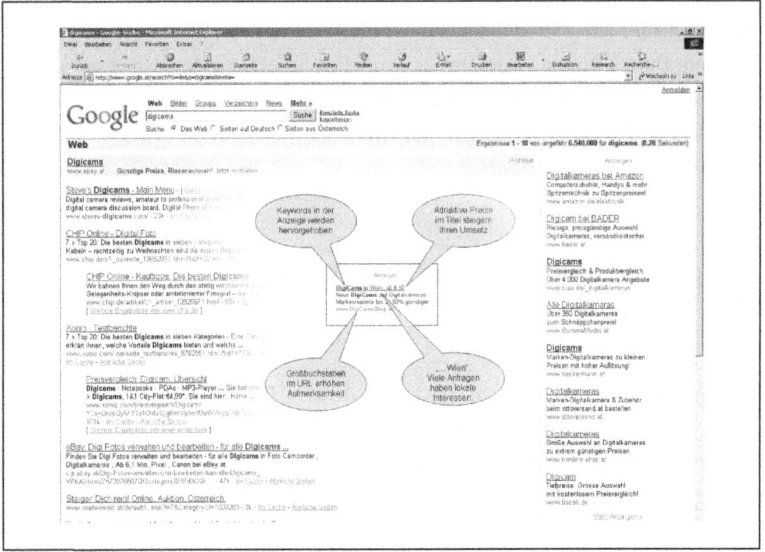

Abbildung 28: Wichtige Elemente zur Optimierung von Textanzeigen

Einige Tipps zur Optimierung Ihrer Anzeigentexte:

❖ Platzieren Sie Keywords in der Überschrift und im Text. Sie werden bei der Anzeige fett hervorgehoben.

❖ Nennen Sie Ihren Standort. Ein erheblicher Teil der Suchanfragen bezieht sich auf regionale Angebote.

❖ Verwenden Sie Reizwörter wie Neu!, Gratis! oder Preisangaben im Titel der Anzeige.

* Nutzen Sie Großbuchstaben in der angezeigten Domain wie www.DigiCamsShop.at statt www.digicamsshop.at. Das verschafft Ihrer Anzeige mehr Signalkraft.

Entwickeln Sie Ihre eigene Budgetstrategie

Für Ihre Gebote auf einzelne Keywords brauchen Sie eine Strategie. Wenn Sie nicht über ein Riesenbudget verfügen, sollten Sie hohe Gebote für einzelne, meist sehr populäre Keywords möglichst vermeiden. Meist erzielen Sie mit geringeren Gebotspreisen für weniger populäre, alternative Begriffe bessere Ergebnisse.

Sie können und sollten Ihr durchschnittliches Tagesbudget begrenzen. Wenn Sie dieses auf 50 € pro Tag festlegen, haben Sie eine bestmögliche Kostenkontrolle. Gerade wenn Sie ein enges Budget haben und der erste Platz heiß umkämpft ist, macht es mehr Sinn, auf andere, weniger stark umworbene Keywords zu setzen. Es ist weitaus besser, statt sich auf drei heiß begehrte Suchbegriffe für 2,50 € zu konzentrieren, eine Nischenstrategie zu fahren und 50 kostengünstige Suchbegriffe auszuwählen.

Setzen Sie zu Beginn einer Kampagne Ihr Tagesbudget 15 bis 20 Prozent höher an als Ihr eigentliches Durchschnittsbudget. Dann haben Sie genügend Freiraum, um relevante Testergebnisse zu erzeugen, und Ihnen entgehen ziemlich sicher keine Anfragen und wichtigen Informationen.

Rollen Sie das Feld von hinten auf

Die meisten Suchmaschinen informieren Sie über die Höhe des erforderlichen Preises, um eine Textanzeige für ein bestimmtes Keyword ganz vorne zu platzieren. Sie müssen allerdings nicht immer an der ersten Position sein. Anstatt für den ersten Platz das Doppelte und Dreifache zu bezahlen, genügt es, darauf zu achten, dass die eigene Anzeige auf der ersten Ergebnisseite aufscheint.

Die meisten Surfer werfen zuerst einen Blick auf die gesamte Ergebnisseite und widmen sich dann erst den Anzeigen. Nicht immer klicken sie dabei auf die erste und zweite Textanzeige. Aus persönlicher Sicht halte ich hier sogar Plätze im unteren Bereich der Anzeigenspalte für interessant. Sie werden beim Upscrollen der Seite als erstes angezeigt.

Bieten Sie nur auf relevante Keywords

Mit einem Netz fangen Sie mehr Fische als mit einer Angel. Bieten Sie deshalb auf möglichst viele relevante Keywords. Gerade wenig populäre, für Ihr Angebot jedoch relevante Keywords können Ihnen für wenige Cent hochinteressante Kunden bringen.

Vermeiden Sie jedoch Keywords, die nicht zu Ihrem Angebot passen. Sie verärgern damit nur potenzielle Interessenten und bezahlen für Besuche, die Ihnen nicht die gewünschten Resultate liefern.

Die Seriosität einer Anzeige ist extrem wichtig für die Konversationsrate, denn nur, wenn der Suchende mit dem über die Anzeige gefundenen Angebot zufrieden ist, wird er auch zum Käufer.

Suchbegriffe in der Anzeige platzieren

Die Klickrate ist in der Regel höher, wenn das Suchwort auch in der Anzeige erscheint. Am besten ist es, wenn der Suchbegriff auch Teil des Domain-Namens ist. Nutzen Sie zusätzlich noch unterschiedliche Schreibweisen, Einzahl, Mehrzahl und mögliche Fehlschreibungen für Ihre Keywords.

Jede Anzeige sollte eine Landing Page haben

Jeder Klick sollte den Besucher genau auf eine produktspezifische Seite mit einem interessanten Angebot (Landing Page) führen. Vermeiden Sie, den Benutzer bei einem Klick auf Ihre Homepage zu führen. Kaum jemand nimmt sich dann die Zeit, innerhalb der Website nach den gewünschten Produkten zu suchen. Achten Sie darauf, dass die Seiten, auf die eine Anzeige verlinkt, ohne Pop-ups oder ähnliche Elemente auskommen. Ansonsten kann es passieren, dass der Suchmaschinenbetreiber Ihre Anzeige sofort stoppt.

Kampagnenerfolg regelmäßig überprüfen

Jede Suchmaschine bietet für ihre PPC-Services verschiedene Auswertungen über den Verlauf der Kampagne an. Die Reports informieren Sie über Klickraten einzelner Keywords, laufende Kosten und Schaltungen einzelner Anzeigen. Nutzen Sie die Informationen, um Ihre Anzeigenserien laufend zu verbessern, die Preise für einzelne Keywords anzupassen und den Kampagnenerfolg weiter auszubauen.

Bleiben Sie am Ball

Die Planung und Umsetzung von Pay-per-Click-Werbung verlangt von Ihnen andauernde Aufmerksamkeit. Sie werden merken, dass Mitbewerber ihre Anstrengungen erhöhen, Plätze gutmachen und die Preise für populäre Keywords anziehen. Anzeigen verlieren mit der Zeit an Aufmerksamkeitswert und müssen samt Landing Page neu ausgerichtet werden. Wenn Sie sich die Zeit nehmen, die aufgezählten Tipps in eigenen Kampagnen umzusetzen, sollten Sie schon bald erste, positive Resultate erzielen und Zugang zu einem kostengünstigen und effizienten Werbemittel gefunden haben.

Teil IV

Monitoring & Controlling

1. Monitoring im Suchmaschinen-Marketing

Ein ständiges Monitoring Ihrer Suchmaschinen-Marketing-Aktivitäten erlaubt Ihnen, die Ergebnisse der Optimierungsmaßnahmen laufend zu kontrollieren:

* An welcher Stelle im Ergebnislisting erscheint unser Internetangebot bei ausgewählten Keywords?

* Verändert sich unsere Position im Laufe der Zeit?

* Mit wie vielen Seiten sind wir in der Suchmaschine vertreten?

* Welche und wie viele andere Websites verlinken auf unsere Website?

Regelmäßiges, monatliches Reporting ist für kommerzielle Sites eine unbedingte Notwendigkeit. Als Hilfsmittel dienen spezielle Online-Dienste oder Desktopprogramme zur Auswertung aktueller Kennzahlen.

Folgende Kennzahlen sollten Sie unbedingt im Auge behalten:

* Ranking Ihrer Webseiten

* Suchmaschinen-Durchdringung Ihrer Webseiten

* Link-Popularität bzw. Google PageRank Ihrer Webseiten

Ranking

Für die Feststellung des Rankings existieren eine Vielzahl von Online-Diensten und Desktopprogrammen. Eine Direktabfrage des eigenen Seiten-Rankings ist bei den großen Suchmaschinenanbietern nicht möglich.

Nicht nur die Feststellung des aktuellen Rankings, sondern eine andauernde Beobachtung der erreichten Positionen in Suchmaschinen, wie Google, Yahoo oder MSN, erlaubt das kostenfreie Keyword Ranking Tool der Firma Digitalpoint.

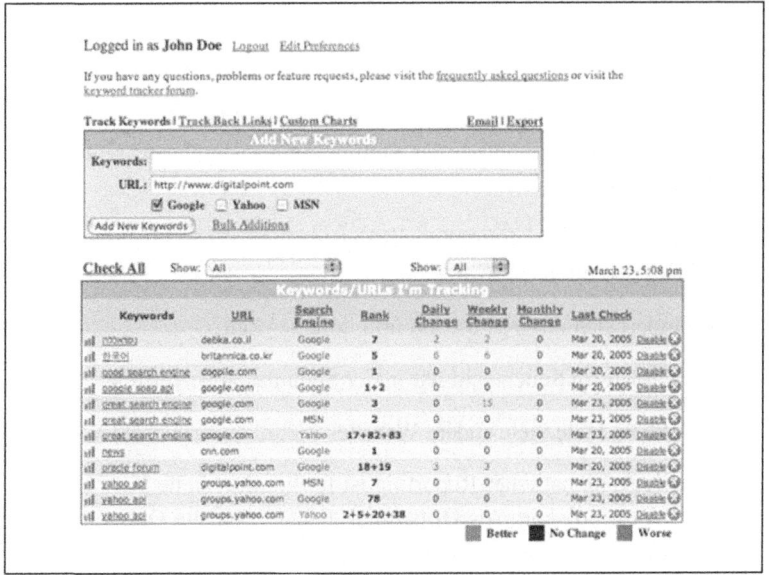

Quelle: http://www.digitalpoint.com

Abbildung 29: Ranking-Monitoring bei Digitalpoint

Das Tool informiert Sie über die aktuelle Position Ihrer Webseite für ausgewählte Keywords in den Suchmaschinen sowie Änderungen der Rankings im Beobachtungszeitraum. Die Darstellung der Analyse erfolgt entweder in Tabellenform oder als Grafik.

Suchmaschinen-Durchdringung

Insbesondere beim Start der Suchmaschinen-Marketing-Aktivitäten ist es interessant zu wissen, ob eine Website von einer Suchmaschine schon indexiert wurde. Natürlich interessiert Sie auch, welche Seiten bereits aufgenommen worden sind.

Für diese Abfrage der Suchmaschinen-Durchdringung gibt es je nach Anbieter unterschiedliche Befehle, meist führt der Befehl site: zum Erfolg. Der Befehl (ohne Leerzeichen zwischen site: und der Domainangabe) steht meist auch unter den erweiterten Suchfunktionen zur Verfügung. Er liefert neben der Zahl der gefundenen Seiten auch eine Auflistung der indexierten URLs.

▪ **Beispiel:** Befehl site: zum Messen der Suchmaschinen-Durchdringung

Google: site:Meine-Domain.de
Yahoo Search: site:Meine-Domain.de
MSN: site:Meine-Domain.de

So liefert der Befehl site:www.orf.at bei Google für deutschsprachige Seiten im Juni 2006 eine Zahl von etwa 648 000 indexierten Seiten für das Internetportal des Österreichischen Rundfunks.

Wenn Sie vor den Befehl ein Keyword schreiben, können Sie feststellen, welche und wie viele Ihrer Seiten dazu in der Suchmaschine existieren.

▪ **Beispiel:** Keywordspezifische Suchmaschinen-Durchdringung

Keyword(s) site:Meine-Domain.de
Der nachfolgende Befehl: programm site:www.zdf.de
liefert Ihnen alle Webseiten mit dem Stichwort „programm" der genannten Website (ca. 56 800).

Link-Popularität

Gerade in Hinblick auf den PageRank von Google interessiert Sie auch, welche und wie viele Links von externen Seiten auf Ihre Website verweisen.

Für die Abfrage nach Backlinks bieten die Suchmaschinen den link:-Befehl. Als Ergebnis liefert die Abfrage die Zahl und Adressen der Seiten, die auf die jeweilige Domain verweisen.

■ **Beispiel:** Befehl link: zum Messen der Linkpopularität

Google: link:www.MeineDomain.de

Yahoo Search: link:http://www.Meine-Domain.de

MSN: link:www.Meine-Domain.de

So lieferte link:www.sfdrs.ch bei Google im Februar 2010 eine Zahl von 1 080 Seiten, die auf das Internetportal des Schweizer Fernsehens verweisen. Der Google PageRank der Seite beträgt 7 von 10.

Eine Direktabfrage des Google PageRanks ist über ein entsprechendes Online- oder Desktoptool, wie z. B. die Google Toolbar, möglich.

2. Controlling im Suchmaschinen-Marketing

Zur laufenden Kontrolle Ihrer Suchmaschinen-Marketing-Aktivitäten stellt Ihnen Google eine Vielzahl von Reports und analytischen Werkzeugen zur Verfügung.

Berichte in Google AdWords

Sie können Berichte und Grafiken zur laufenden Kontrolle Ihrer Anzeigen für einen bestimmten Zeitraum erstellen. Zur Überwachung der Einschaltungen und anfallenden Kosten im Beobachtungszeitraum dienen absolute und relative Kennzahlen:

* Impressionen – Anzahl der Schaltungen von Textanzeigen per Kampagne, Anzeigengruppe oder Textanzeige.

* Clicks – Anzahl der aufgerufenen Zieladressen per Kampagne, Anzeigengruppe oder Textanzeige.

* CTR (Click Through Rate) – Verhältnis von Klicks zu Impressionen in Prozent.

* Kosten – die angefallenen Kosten per Kampagne, Anzeigengruppe oder Textanzeige.

* CPC (Cost per Click) – Verhältnis von Kosten zu Klicks in Prozent.

* Durchschnittliche Position – die durchschnittliche Position der Anzeigen per Anzeigengruppe, Kampagne oder Keyword.

Neben Standardberichten können Sie auch individuelle Berichtsformate für persönliche Auswertungen erzeugen.

Conversion Tracking

Eine erweiterte Kontrollmöglichkeit bietet Ihnen das Conversion Tracking, mit dem Sie die Erfüllung gesetzter Werbeziele überwachen können. Durch die Google-Berichte wissen Sie ganz genau, welche Anzeige bzw. welches Keyword Ihnen wie viele Besucher auf Ihre Webseite gebracht hat. Offen bleibt, ob der Kunde auch gekauft hat. Hier hilft das Conversion Tracking.

Beim Conversion Tracking platzieren Sie ein paar Zeilen Programmcode in Ihrer Webseite, beispielsweise der Bestellseite in Ihrem Online-Shop. Wenn nun ein Interessent auf Ihre AdWords-Anzeige klickt, wird dieser Aufruf über ein Cookie registriert. Sobald der Benutzer die Bestellseite Ihres Online-Shops aktiviert, wird der Programmcode aktiviert und die Bestellung als Conversion gezählt. Sie wissen nun, welche Anzeige bzw. welches Keyword zu der Bestellung geführt hat.

Durch eine zeitliche Beschränkung des Cookies und getrennte Server für das Conversion Tracking und die Suche gewährleistet Google nach eigenen Aussagen den Datenschutz des Nutzers.

Google Analytics

Betreiber komplexer Websites und Online-Plattformen möchten nicht nur wissen, wann wie viele Besucher kommen, sie wünschen sich auch detaillierte Fakten über das Nutzungsverhalten:

* Welche Nutzergruppen ergeben sich?

* Welche Inhalte werden frequentiert?

* Wonach suchen Nutzer und welche Wege gehen sie auf der Website?

* Die genannten Fragen können gewöhnliche statistische Erhebungen nicht mehr beantworten. Es muss also eine gezielte Auswertung der Nutzer und des Nutzungsverhaltens geschaffen werden.[14]

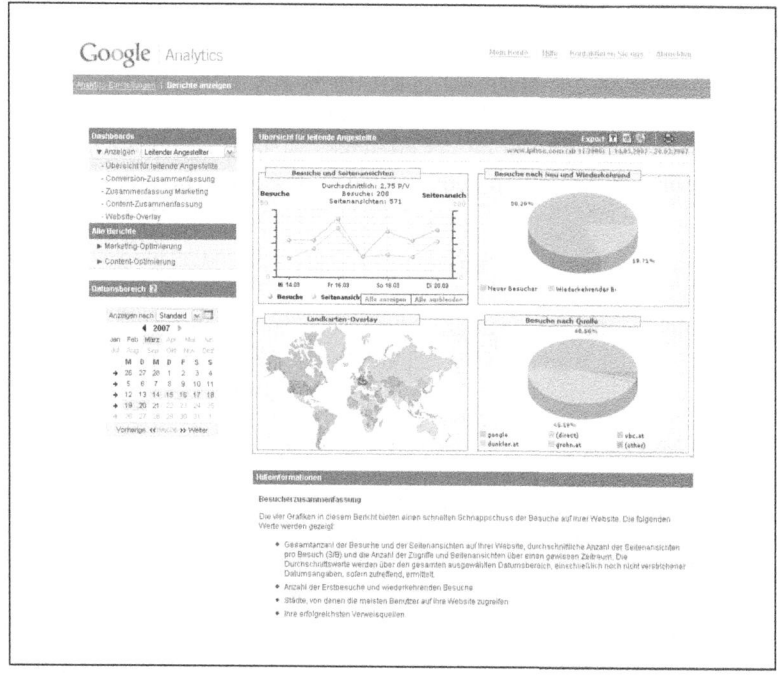

Abbildung 30: Startseite eines Google-Analytics-Kontos mit Übersicht für leitende Angestellte

Zu den bekanntesten Vertretern der Tracking Tools genannten Analysewerkzeuge zählt das in Abbildung 29 gezeigte kostenfreie, hostbasierte Angebot von Google, namens Google Analytics. [15]

Neben Standards wie Herkunft der Besucher, ihre Verweildauer auf einzelnen Seiten und Suchbegriffen in Suchmaschinen bietet Google Analytics eine Besonderheit: das Website-Overlay. Damit lassen sich für Links auf jeder Seite die Zugriffszahlen und Conversion darstellen.

145

Google Analytics erhält Funktionen, die man ansonsten nur von Web-Analytics-Systemen im Großkunden-Segment kennt.[16]

Google-Analytics-Kontenübersicht

Google hat gleich die Einstiegsseite so gestaltet, dass sich Benutzer möglichst schnell einen Überblick über ihre Google-Analytics-Konten verschaffen können. Sie sehen auf einen Blick, wie viele Zugriffe auf ihr Konto erfolgten, wie lange die durchschnittliche Besuchszeit war, die Absprungrate und die Anzahl der erreichten Ziele. Zusätzlich wird noch die Änderung in Prozent im Vergleich zur vorherigen Periode angezeigt.

Erweiterte Segmente mit Google Analytics

Auswertungen, die bei der Logfile-Analyse nur umständlich oder schlicht gar nicht möglich waren, lassen sich nun einfach realisieren:

*   Wie unterscheiden sich meine Besucher aus Deutschland, Österreich und der Schweiz?

*   Verhalten sich wiederkehrende Besucher anders als neue Besucher?

*   Welche Seiten schauen sich neue Besucher, die etwas gekauft haben, an?

Diese Fragen lassen sich nun innerhalb von kurzer Zeit beantworten. Sie erstellen einfach ein benutzerdefiniertes Segment und vergleichen die Daten (auch rückwirkend) mit den Gesamtdaten oder einem anderen Segment. Ein Segment lässt sich nach Belieben innerhalb von Sekunden per Drag and Drop erstellen. Es ist ganz einfach, probieren Sie es aus!

Benutzerdefinierte Berichte mit Google Analytics

Wem Standard-Berichte in Google Analytics nicht ausreichen, dem ermöglicht Google Analytics die Erstellung von benutzerdefinierten Berichten. Ähnlich wie bei den erweiterten Segmenten ist dies ganz einfach per Drag and Drop möglich. Sie ziehen mit der Maus die gewünschten

Messdaten und Dimensionen in die entsprechenden Reihen und Spalten. Das war's, fertig ist der Bericht. Eine Voransicht ermöglicht die Prüfung des Berichts. Die Berichte können sogar mehrstufig sein, so dass Sie von einer Ebene in die nächsttiefere klicken können (z. B. Kampagne, Anzeigengruppe, Keyword).

Google Analytics Motion Charts

Eine weitere interessante Funktion in Google Analytics sind die so genannten Motion Charts. Damit lassen sich Berichte in einem Koordinatensystem mehrdimensional sowie über die Zeit darstellen und so wichtige Kennzahlen analysieren.

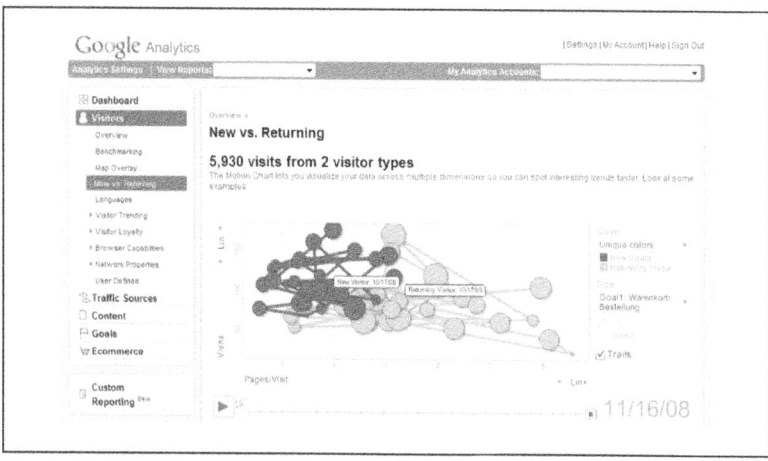

Abbildung 31: Google Analytics Motion Chart

Was kann ich in diesem Beispiel über neue Besucher (blau) und wiederkehrende Besucher (grün) ablesen?

* Neue Besucher betrachten weniger Seiten als wiederkehrende Besucher (horizontale Achse).

* Die Website hat mehr neue Besucher als wiederkehrende Besucher (vertikale Achse).

147

* Wiederkehrende Besucher haben eine höhere Konversionsrate als neue Besucher (größere Kreise).

Wie kann ich auf Motion Charts zugreifen? Wählen Sie einen Bericht in Google Analytics aus (z. B. Keyword-Bericht) und klicken Sie auf den neuen Button „Visualize" oberhalb des Graphen.

Wichtig: Die Motion Charts stehen bisher nur in der englischen Version von Google Analytics zur Verfügung. In der deutschen Sprachversion erscheint der Button zurzeit noch nicht. Stellen Sie daher vorher Ihr Google-Analytics-Konto auf die englische Sprache um oder fügen Sie „hl=en&" (ohne Anführungszeichen) hinter das Fragezeichen in der Adressleiste Ihres Browsers hinzu.

3. Dem Klickbetrug auf der Spur

Der Missbrauch von Pay-per-Click-Anzeigen wird für Werbetreibende immer mehr zum Problem. Beim Klickbetrug erfolgen über eigene Software-Programme in kürzester Zeit hunderte Klicks auf eine Anzeige. Der Schaden ist enorm. Die Klicks sind für den Werbetreibenden wertlos, und sein gesamtes Tagesbudget ist blitzschnell verbraten. Das ganze Ausmaß des Schadens beleuchtet eine Studie des US-Portals Marketingexperts.com. In einem Test mit Software-Robotern wurden knapp 30 Prozent der betrügerischen Klicks von den Betreibern nicht richtig erkannt. Der Gesamtschaden betrug bei einem Klickpreis von ein bis zwei Dollar über 10 000 US-Dollar (Internetworld, 2005).

Natürlich sind nicht Google, Yahoo Sponsored Search oder andere PPC-Anbieter die Betrüger. Immer wieder wird von Fällen berichtet, wo Mitbewerber oder Betreiber von Affiliate-Programmen, die selbst von der Schaltung der Anzeigen profitieren, hinter dem Missbrauch stecken. Glaubt man den offiziellen Aussagen von Google und Co, spielt Klickbetrug am deutschsprachigen Markt keine Rolle, er bewege sich im Promillebereich und die Schutzmechanismen seien ausreichend. Es ist aber wohl nur eine Frage der Zeit, bis das Problem auch hierzulande auftritt. Sinnvollerweise treffen Sie vorbeugende Maßnahmen, um im Fall des Falles rechtzeitig agieren zu können.

In der Literatur finden sich unterschiedliche Definitionen des Begriffes Klickbetrug. Gemeinsame Komponente der Definitionen ist die betrügerische Motivation des Website-Besuchers beim Klicken auf den mit der Anzeige verbundenen Link zur Website des Inserenten (Vgl. Google Inc., 2009b, Webseite, Olbrich/Schultz, 2008, S. 9, Lammenett, 2009, S. 108 f.).

Anders gesagt, Klickbetrüger haben bei einem Klick auf eine bezahlte Anzeige nicht die Absicht, das Angebot der besuchten Website im Sinne des Werbetreibenden – zu Informations-, Kommunikations- oder Shoppingzwecken – zu nutzen, sondern zielen vorsätzlich darauf ab, sich oder einen Dritten zu bereichern und den Werbetreibenden zu schädigen.

Formen des Klickbetrugs

Neben der Motivation lässt sich Klickbetrug auch nach der Form unterscheiden (Olbrich/Schultz, 2008, S. 9). Bei der ersten Form des Klickbetrugs (1) zielt die Tat darauf ab, den Werbetreibenden zu schädigen. Die Anzeige wird von einzelnen oder mehreren Tätern manuell ohne Absicht zur weiteren Nutzung angeklickt. Die Situation ist vergleichbar mit einem Messebesucher, der eine Firmenbroschüre entnimmt und bei nächster Gelegenheit vernichtet. Die betrügerische Absicht erscheint hier kaum nachweisbar.

Bei der zweiten Form des Klickbetrugs (2) betreibt der Täter eine eigene Website, auf der Anzeigen aus einem Pay-per-Click-Werbenetzwerk geschaltet werden. Der Betreiber der Website klickt selbst oder über Mittelsmänner auf die in seinem Wirkungsbereich gezeigten Anzeigen. Durch klickabhängige Provisionen des Werbenetzwerks erfolgt eine Bereicherung der Täter.

		Motivation	
		Schädigung	Bereicherung
Tathergang	Manuell	(1)	(2)
	Automatisch	(3)	(4)

Tabelle 1: Formen des Klickbetrugs

Bei der dritten Version des Klickbetrugs nutzt der Täter spezielle Programme, so genannte Click-Bots, um die Klicks auf die Anzeigen automatisch durchzuführen. Durch die Vielzahl an betrügerischen Klicks können dem werbetreibenden Unternehmen hohe Kosten entstehen oder bestehende Budgetgrenzen rasch erreicht und somit die laufende Kampagne gestoppt werden.

Bei der vierten Version sorgen die Click-Bots für eine möglichst hohe Klickrate auf Anzeigen innerhalb der vom Täter betriebenen Websites.

Das Ausmaß des potenziellen Schadens durch Klickbetrug verdeutlichen Studien wie der Click Fraud Index von Click Forensics.[17] Der Index weist für das vierte Quartal eine Klickbetrugsrate (Click Fraud Rate) in der Höhe von 17,1 Prozent für die gesamte Branche (Industry) aus. Bei Content-Werbenetzen wie Google AdSense und Yahoo Publisher Network liegt die Klickbetrugsrate bei 28,2 Prozent. Das bedeutet einen Anstieg um 27,1 Prozent im Vergleich zum dritten Quartal 2008. Botnets sorgten dabei im vierten Quartal für 31,4 Prozent der betrügerischen Klicks.[18]

Analyse von Klickbetrug

Um möglichen Klickbetrug aufdecken zu können, ist eine Analyse des Besucherverkehrs auf die Website erforderlich. Sinnvoll erscheint ein Vergleich zwischen den durch Pay-per-Click-Werbung und Suchmaschinen, direkte Seitenaufrufe oder Links verursachten Traffic (Koch, 2007, S. 327f).

Als Messgrößen werden Daten herangezogen, die Rückschlüsse über Identität und Verhalten des Nutzers sowie über die Effizienz einer Kampagne ermöglichen, wie

* Identitätsdaten, wie IP-Adresse, Region, Browser, Bildschirmauflösung, Bildschirmfarben, Betriebssystem ...

* verhaltensbezogene Daten, wie Absprungrate, Seitenaufrufe pro Besuch, Dauer des Besuchs, Klickpfade ...

* Kampagnenleistungsdaten, wie Einschaltungen (Impressions), Klickraten und Konversionsraten.

Anhand der gewonnenen Daten lässt sich ein Normalprofil der Website-
nutzung erstellen, das in der Folge mit dem Pay-per-Click-bezogenen
Profil abgeglichen werden kann. Bei starken Abweichungen der beiden
Profile ergibt sich ein begründeter Verdacht auf betrügerische Manipula-
tionen.

Analyseinstrumente

Für die Analyse von Klickbetrug stehen die Berichtsinstrumente der Pay-
per-Click-Anbieter, spezielle Webanalyse Tools und serverspezifische
Logfiles zur Verfügung.

Berichtsinstrumente der Pay-per-Click-Anbieter

Google bietet für die Verwaltung der eigenen Kampagnen ein eigenes
Berichtswesen, mit dem die Kampagnenleistung überwacht werden kann.

Ein wichtiger Analyseansatz ist die Analyse von nutzerspezifischen
Klick- und Konversionsraten für einzelne Anzeigen und Keywords. Mit
der Konversationsrate wird die Erreichung eines oder mehrerer definier-
ter Werbeziele, wie der Verkauf eines Produktes oder die Bestellung eines Kataloges, gemessen. Nachdem nicht davon auszugehen ist, dass ein
potenzieller Täter gewillt ist, einen messbaren – insbesondere monetären
– Beitrag zur Zielerreichung zu leisten, tendiert die Konversationsrate bei
betrügerischen Klicks gegen Null.

Speziell zur Entdeckung ungültiger Klicks auf AdWords-Anzeigen dient
die Option „Ungültige Klicks" der Berichtsarten für Konto- und Kam-
pagnenleistungen. Google definiert ungültige Klicks als „Klicks auf Ad-
Words-Anzeigen, bei denen Google einen Verdacht auf Klickbetrug hegt.
Solche Klicks werden dem Kunden nicht in Rechnung gestellt".

Abbildung 32 zeigt einen Monatsbericht für ungültige Links, nach Tagen geordnet. Die durchschnittliche Rate beträgt 3,82 Prozent ungültiger Klicks. Der Spitzenwert des Monats lag bei 14,10 Prozent.

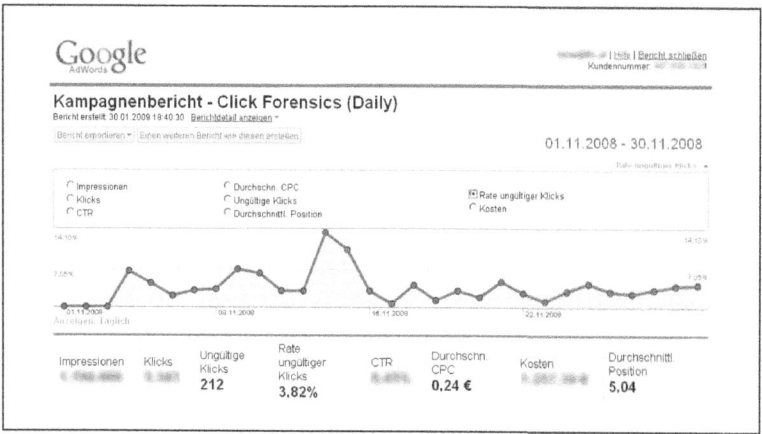

Abbildung 32: Google-Kampagnenbericht: Rate ungültiger Klicks

Eine überdurchschnittliche Anzahl von ungültigen Klicks an bestimmten Tagen bietet Anlass zu einer weiteren, detaillierten Analyse im Hinblick auf mögliche Ursachen und Quellen. Anzumerken ist, dass diese Option auf der Ebene von Anzeigen, Keywords, demografischen oder geografischen Gesichtspunkten leider nicht zur Verfügung steht.

Im Hinblick auf Fälle von Klickbetrug für die eigenen Kampagnen erscheinen dem Autor insbesondere jene Berichtsarten für die Analyse empfehlenswert, die einen Rückschluss auf die Herkunft und Qualität der Klicks ermöglichen.

Abbildung 33 zeigt einen Google-Kampagnenbericht für domainspezifische Anzeigenplacements mit einer Reihe von überdurchschnittlichen Klickraten für geparkte Domains. Laut Google handelt es sich bei einer geparkten Domain um eine Platzhalterseite für eine Domain, die noch nicht zu einer richtigen Website aufgebaut wurde.

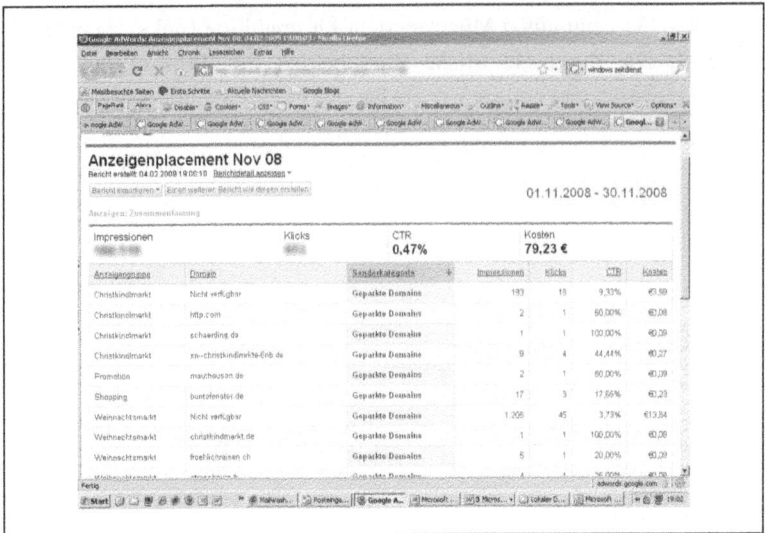

Abbildung 33: Google-Kampagnenbericht für domainspezifische Anzeigenplacements

Hohe Klickraten im Zusammenhang mit hohen absoluten Klickzahlen, gerade von geparkten Domains oder Fehlerseiten, sind ein Indiz für mögliche Problemfälle und Anlass für weitere Untersuchungen.

Beobachten Sie die Klicks auf die eigene Site sorgfältig. Erstellen Sie Statistiken für Seitenaufrufe, Klickraten, IP-Adressen und Browserprofile. Nutzen Sie spezielle Tracking Tools zur Analyse des Benutzerverhaltens. Logfile-Analysen reichen in der Regel nicht aus, um Klickbetrug rechtzeitig zu erkennen. Melden Sie beim ersten Anzeichen von möglichem Missbrauch Ihren Verdacht umgehend dem Betreiber des PPC-Services. Dieser kann dann Ihren Anzeigen ein besonderes Augenmerk schenken.

Anhang

Glossar

Backlink

Ein Backlink ist eine Verknüpfung von einer externen Webseite auf einen URL Ihrer Website. Backlinks haben insbesondere im Zusammenhang mit der Link-Popularität bzw. dem Google PageRank eine große Bedeutung.

Blog

Ein Weblog, meist nur Blog genannt, ist eine Webseite, die periodisch neue Einträge enthält. Neue Einträge stehen an oberster Stelle, ältere folgen in umgekehrt chronologischer Reihenfolge. Blogs werden von Unternehmen, Institutionen oder Privatpersonen betrieben und haben sich zu einer eigenen Kommunikationsform im Internet entwickelt.

Bot, siehe Spider

Breadcrumbs

Navigationshilfe, die die Linkstruktur von der Homepage abwärts bis zur aktuellen Seite darstellt. Alle Angaben sind mit den ursprünglichen Seiten verknüpft, z. B.: Home >> Services >> Digitalkameras >> Rücksendungen.

Cloaking

Cloaking ist eine Optimierungsmethode, bei der versucht wird, anhand von Merkmalen wie der IP-Adresse oder Kennung den Spider zu identifizieren. Wird ein entsprechender Spiderbesuch erkannt, stellt der Webserver eine optimierte Webseite zur Verfügung, die ein normaler Nutzer nie zu Gesicht bekommt. Um ein bestmögliches Ranking zu erzielen, erstellen spezielle Cloaking-Programme Hunderte von Webseiten, die für bestimmte Suchbegriffe optimiert sind. Diese Methode wird von Suchmaschinen als Spamming betrachtet und kann zur Eliminierung der Webseiten aus dem Index führen.

Crawler, siehe Spider

Duplicate Content

Eine Methode, bei der verschiedene Domains gleiche oder weitgehend gleiche Inhalte präsentieren. Passiert beispielsweise, wenn mehrere Firmendomains per Redirect auf denselben Webspace verweisen. Duplicate Content wird von Suchmaschinen als Spamming betrachtet und sollte vermieden werden.

Frames

Frames unterteilen die Bildschirmanzeige in vertikale und horizontale Teilbereiche, die beim Seitenaufruf mit Inhalten aus Dokumenten befüllt werden. Definiert werden framebasierte Webseiten über Framesets, die Layout und Inhalt festlegen, jedoch für Spider keinen verwertbaren Text beinhalten.

Keyword

Suchbegriff, der bei einer Abfrage in Suchmaschinen verwendet wird. Das Ergebnis der Suche besteht aus den bei der Suchmaschine gelisteten Webpages, die dieses Keyword enthalten. Die Auswahl und die Platzierung der Keywords in den Webseiten sind für die Suchmaschinen-Optimierung von zentraler Bedeutung.

Landing Page

Diese Seite wurde vom Websitebetreiber direkt mit der Anzeigenwerbung oder dem Suchmaschineneintrag verknüpft und ist als primäre Einstiegsseite gedacht. Hier soll der Interessent zum weiteren Besuch der Website und zur Nutzung ihrer Dienste angeregt werden.

Linkfarm

Als Linkfarm wird eine Ansammlung von Webseiten oder ganzen Domänen im Web bezeichnet, die primär dem Zweck dient, möglichst viele Hyperlinks auf eine andere Webpräsenz zu legen.

PageRank

PageRank ist ein von Google genutztes System für die Bewertung der indizierten Seiten. Dabei werden Links von anderen Seiten als Votum für die Seite gewertet. Je mehr hochwertige Links auf eine Seite verweisen, desto höher wird die Seite eingestuft.

Paid Inclusion Service

Paid Inclusion Programme garantieren gegen Entgelt eine rasche Aufnahme Ihrer Seiten in den Index von Suchmaschinen.

Ranking

Das Ranking beschreibt, an welcher Stelle im Ergebnislisting einer Suchmaschine das eigene Angebot beim angegebenen Suchbegriff erscheint.

Real Simple Syndication – kurz RSS

Ermöglicht es, ausgewählte Inhalte der eigenen Website in einem komfortablen Datenformat anderen Websites sowie speziellen RSS-Readern zur Verfügung zu stellen.

Reichweite

Als Reichweite wird die Anzahl von Internetnutzern bezeichnet, die eine Website ein- oder mehrmals innerhalb eines bestimmten Zeitraumes potenziell zur Kenntnis nehmen; ausgedrückt als Prozentsatz der Summe der aktiven Internetnutzer für diesen Zeitraum.

Robots.txt

Spezielle Datei im Stammverzeichnis des Webservers, die zur Kontrolle und Steuerung des Spiders verwendet wird.

Sandbox

Ein spezieller Bereich im Google Index, in dem neue Seiten eine Zeitlang verweilen, bevor sie in das reguläre Index Ranking einbezogen werden.

Session

Unter Session versteht man die zusammenhängende Nutzung eines Internetangebots, z. B. Shopeinkauf, durch einen Benutzer.

Site Maps

Eine eigene Webseite mit einem Überblick der Navigationsstruktur der gesamten Website, ähnlich einem Inhaltsverzeichnis. Insbesondere eine textbasierte Site Map erleichtert dem Spider die Weiterverfolgung von Links auf der Website.

Spider

Spider, auch Bot oder Crawler genannt, sind Programme der Suchmaschinen, die Seiten von Webservern zur Indizierung abrufen. Die Inhalte der Seiten werden bei den Suchmaschinen analysiert und indexiert. Die Adressen der Seiten werden dem Spider durch Anmeldung mitgeteilt oder den Hyperlinks besuchter Seiten entnommen.

Suchmaschinen

Suchmaschinen dienen Internetnutzern zum Auffinden von Informationen im Internet. Sie bestehen im Wesentlichen aus einer Datenbank zur Speicherung der indizierten Webseiten und einer Retrieval-Komponente, mit der Benutzer über Suchbegriffe nach relevanten Informationen im Datenbestand suchen können.

URL

Der URL (Uniform Resource Locator) ist eine Adressierungsform für Internet-Dateien, die vor allem innerhalb des World Wide Web verbreitet ist. Der URL spezifiziert die genaue Adresse (Server, Verzeichnis, Datei) der gewünschten Information und in welchem Format bzw. Protokoll (Gopher, HTTP, FTP usw.) die gewünschte Information abgerufen werden kann.

URL-Rewriting

Beim URL-Rewriting werden dynamische Adressen in einen statischen URL mit Verzeichnis- und Dateistruktur umgesetzt. Für die URL-Rewriting-Technik benötigt ein Webserver ein spezielles Plug-in, nämlich das Modul *mod_rewrite* für den Apache Webserver bzw. *IIS_rewrite* für den Internet Information Server (IIS) von Microsoft.

Webpositioning

Ziel beim Webpositioning ist die bestmögliche Platzierung des eigenen Internetangebots in reichweitenstarken und zielgruppenrelevanten Suchmedien über Suchmaschinen-Optimierung oder bezahlte Textanzeigen.

Anmerkungen

1 http://quote.bloomberg.com, Online Ad Growth Accelerates, Outpacing News-paper, TV Spending (März 2006).

2 Vgl. Seite „Global Search Market Draws More than 100 Billion Searches per Month". URL:http://www.comscore.com/Press_Events/Press_Releases/2009/8/Global_Search_Market_Draws_More_than_100_Billion_Searches_per_Month (abge-rufen: August 2009).

3 https://Adwords.google.com/select/airporttouristik.html, Case Study Airport Touristik, Google 2005.

4 http://www.content.overture.com/d/DEm/ac/cs.jhtml, Overture Anwenderbe-richt -Fleurop-Interflora, Overture 2005.

5 Vgl. Seite „Eye-tracking studies: more than meets the eye". URL: http://googleblog.blogspot.com/2009/02/eye-tracking-studies-more-than-meets.html (abgerufen: 11. November 2009)

6 Quelle: Google Keyword Density Analysis, www.gorank.com, 2004.

7 Über 524 000 Seiten beinhalteten bei einer Googleabfrage (allintext: Ihr Browser unterstützt keine Frames, Stand: Dezember 2009) den von Webedito-ren standardmäßig erzeugten Wortlaut.

8 Quelle: link:microsoft.de, Abfrage auf Google, November 2009.

9 Ein permanenter Redirect hat den Server Code 301. Verwenden Sie keine tem-porären Redirects (Server Code 302) zum Umleiten von Adressen.

10 http://images.google.de/webmasters/2.html, Google Informationen für Web-master, Google 2005.

11 Vgl. Seite „Erstellen und Einreichen von XML-Sitemaps". URL: http://www.google.com/support/webmasters/bin/answer.py?hl=de&answer=156184 (ab-gerufen: Dezember 2009)

12 Vgl. Seite „AdWords Richtlinien". URL: http://adwords.google.at/support/aw/bin/static.py?page=guide.cs&guide=22791&topic=22796, Google 2009.

13 Seite „Online-Marketing im Yahoo! Network". URL: http://searchmarketing.yahoo.com/de_DE/srch/anzeige.php (abgerufen: Dezember 2009

[14] Vgl. Seite „Modernes Tracking". URL: http://www.iwiki.de/wiki/index.php/ Modernes_Tracking#Google_Analytics (abgerufen: August 2009)

[15] http://www.google.com/intl/de_ALL/analytics/

[16] Vgl. Seite „Die neuen Funktionen von Google Analytics". URL: http://www. morgana.de/internet-marketing-newsletter/2008/11/google-analytics-mit-neuen-funktionen/ (abgerufen: August 2009)

[17] Das Unternehmen ClickForensics, Inc. veröffentlicht vierteljährlich den Click Fraud Index. Die gesammelten Daten sind laut Unternehmen signifikant für Pay-per-Click-Werbekampagnen kleiner und großer Firmen in den führenden Suchmaschinen.

[18] ClickForensics, Inc.: Webseite, Click Fraud Index, http://www.clickforensics. com/resources/click-fraud-index.html (2009).

Literaturverzeichnis

AUF DEM HÖVEL, J., Google setzt auf Billighardware, in: Computerwoche 20/2005, München 2005

ERLHOFER, S., Suchmaschinen-Optimierung für Webentwickler, Bonn 2005

GOOGLE Inc.: Webseite, Google AdWords: Learning Center, http://www.google.com/intl/de/adwords/learningcenter/18989.html, 2009

HOTCHKISS, G., Into the Mind of the Searcher, (http://www.enquiro.com/research.asp), 2004

KOCH, D.: Suchmaschinen-Optimierung: Website-Marketing für Entwickler, Pearson Education, 2007

LAMMENETT, E.: Praxiswissen Online-Marketing: Affiliate- und E-Mail-Marketing, Keyword-Advertising, Online-Werbung, Suchmaschinen-Optimierung. Gabler Verlag, 2. Auflage, Wiesbaden 2009

MORRISSEY, B., Advertisers Use Search for Branding, In: The Online Newspaper of Record for Direct Marketers (http://www.dmnews.com), 2004

OLBRICH, R., SCHULTZ C.D.: Suchmaschinenmarketing und Klickbetrug, Forschungsbericht Nr. 16, Hagen 2008

SELBACH, J., Raus aus Google?, In: Internet Professionell 01/06, München 2006

WISE, B., Online Exclusive: Holiday Shopping Lessons of 2005, in: The Online Newspaper of Record for Direct Marketers (http://www.dmnews.com), 2006

Sachregister

Zum Autor

Horst Greifeneder verfügt über langjährige Erfahrung im Suchmaschinen-Marketing. Er studierte Betriebsinformatik an der Johannes Kepler Universität in Linz, Österreich und erwarb langjährige Marketingpraxis in internationalen und nationalen Unternehmen.

Als unabhängiger Berater und Trainer berät und begleitet er seit etwa fünfzehn Jahren vor allem kleine und mittelständische Unternehmen bei der strategischen Entwicklung und praktischen Umsetzung ihrer Online-Marketingprojekte. Als Lehrbeauftragter unterrichtet er an mehreren Fachhochschulen in Österreich.

Kontakt: INFONOMICS – Internet & Marketing Agentur

Ing. Mag. Horst Greifeneder
Schenkelbachweg 32
A-4600 Wels
Tel. +43/7242-77715
E-Mail: office@infonomics.at
Internet: www.infonomics.at

SPRINGER NATURE

GPSR Compliance

The European Union's (EU) General Product Safety Regulation (GPSR) is a set of rules that requires consumer products to be safe and our obligations to ensure this.

If you have any concerns about our products, you can contact us on ProductSafety@springernature.com

In case Publisher is established outside the EU, the EU authorized representative is:

Springer Nature Customer Service Center GmbH
Europaplatz 3
69115 Heidelberg, Germany

The manufacturer's authorised representative in the EU is Springer Nature Customer Service Centre GmbH, Europaplatz 3, 69115 Heidelberg, Germany. If you have any concerns regarding our products, please contact ProductSafety@springernature.com

Printed and bound by CPI Group (UK) Ltd, Croydon, CR0 4YY

27/04/2026

02097851-0002